MONIKA WÜST - 111 GEISTER

Monika Wüst

111 Geister

angesetzt aus Kräutern und Früchten

5. überarbeitete, Auflage

VERLAG J. NEUMANN-NEUDAMM
SEIT 1872

Die Farbfotos zu den Abbildungen lieferten folgende Lichtbildner:
De Cuveland 26, 41, 47, 53, 60.
Fischer-Nagel 25, 30 42, 46, 50, 54, 55, 56, 57, 58, 61, 63, 65, 67, 69, 70, 71, 72, 73, 74, 75, 78, 79, 82, 83, 84, 86, 87, 90, 91, 94, 96, 98, 100, 101, 102, 104, 105, 108, 109, 112, 113, 114, 115, 116, 119.
Groß 49.
Lederer 37, 40, 43, 45, 62, 77, 80, 85, 88, 92, 95, 97, 99, 107, 120, 121.
Panzke 27, 48.
Weidemann 106.
Weustenfeld 28, 29, 31, 32, 33, 34, 35, 36, 38, 39, 44, 51, 52, 59, 89, 93.
Titelbild: Gragnato

ISBN 3-7888-0882-9

5. Auflage

Schwalbenweg 1, 34212 Melsungen
Tel. 05661-52222, Fax 05661-6008, www.neumann-neudamm.de

Prindet in Germany
Satz/Layout:: J. Neumann-Neudamm AG
Druck und Verarbeitung: Werbedruck Schreckhase, Spangenberg

Vorwort

Es ist schon ein wundersamer Weg zu den Dingen. Als typisches Berliner Großstadtkind hatte ich kaum Beziehung zur Pflanzen- und Tierwelt. Nur in der Schule war schon immer mein liebstes Fach die Biologie. Als ich dann vor etlichen Jahren in die grüne Umgebung Stuttgarts zog, den Wald vor der Tür und freundliche Bauersleute als Nachbarn, konnte ich mein Interesse an der Pflanzenwelt aktiv werden lassen. Ich begann zu suchen, zu sammeln, zu pflanzen und zu verarbeiten.
Es fing an mit Eingemachtem, Eingelegtem, immer neuen Marmeladensorten, Fruchtpasten und landete bei den Auf- oder (wie man in Süddeutschland sagt) Angesetzten. Meine besten und zugleich liebsten Gesprächspartner auf diesem Gebiet waren und sind meine Freundin Karin und ihre Mutter Sophie. Wir „besprechen oft die Geister”, und immer, wenn wir uns sehen, gibt es was Neues zu probieren. Den Teil, der sich mit Likören, besonders den Gewürz- und Kräuterlikören, befaßt, widme ich meinem Vater, der als Drogist in seiner Heimatstadt bei Frankfurt/Oder besonderen Respekt genoß und mir seine Rezepte hinterließ – in Drogistenart mit kleinsten Grammangaben. Darüber hinaus gibt es noch ein kleines Büchlein, das er in den Kriegswirren schrieb und das so manches Spar-Rezept enthält. Daneben danke ich vor allem meiner Großtante Frieda. Sie verriet mir einige ihrer Küchen- und Likörgeheimnisse.
Auf diesen Wegen gelangte ich zu einem Schatzkästlein, das mit wunderbaren Rezepten gefüllt ist. Warum lege ich hier nun 111 vor? Vor genau 111 Jahren (1872) gründete Geheimrat Julius Neumann den heute in Melsungen ansässigen Verlag J. Neumann in Neudamm/Neumark. Ein Verlag, der sich in seinem Programm einem besseren Verständnis der Natur verschrieben hat. Und die liegt auch jetzt wieder vor seiner Tür: Melsungen liegt im waldreichsten Land der Bundesrepublik, in Hessen. Etwa 40% der Bodenfläche bedecken Wälder. Die Idee, endlich mal „verarbeitete Natur” ins Programm aufzunehmen, stammt vom Urenkel des alten Geheimrats. Er meint, daß Holunderblütensekt ein würdiges Getränk zu Ehren des Verlagsgründers und zum Wohle des Verlages sei.
Hier das Rezept: 8 Holunderblütendolden werden entstielt und mit 10 l Wasser, 700 – 800 g Zucker, mit dem Saft von 4 Zitronen und 15 g Weinsteinsäure (aus der Apotheke) einen Tag und eine Nacht lang aufgesetzt. Dann abfiltriert, in Sektflaschen gefüllt und fest mit Korken und Draht verschlossen. Nun wird er 3 Wochen lang, den Korken nach unten, kühl gelagert und pro Tag einmal gedreht. Auch weiterhin kühl lagern und sehr kalt trinken. Na dann Prost! Ein spritziger Vorgeschmack auf die noch folgenden 111 Rezepte und deren vielfältige Resultate von eigener Hand.

Inhalt

Fruchtsaft- und Fruchtaromaliköre

Sonstige Liköre

Fruchttöpfe

111 x aufgesetzt – was heißt das?

Es geht schlicht um die Möglichkeit, selbst aromatische und geschmacksreiche Alkoholika herzustellen. Im Volksmund versteht man darunter das Aufsetzen (im norddeutschen Raum) oder Ansetzen (im süddeutschen Raum). Das Ergebnis sind dann Aufgesetzte, Angesetzte oder beispielsweise im Rheinland Objesatzte. Die Ausdrücke „Aufsetzen" (früher „opzetten"), „ansetzen" (früher „aanzetten") wie auch „anstellen" entsprechen den lateinischen Wörtern imponere, apponere, instituere, statuere und bedeuten in unserem Gebrauchszusammenhang: in ein Gefäß gießen, an Feuer stellen, in die Sonne stellen, in Ruhe stellen. Und das ist es auch schon. Da wir keine Klosterküche oder Brennerei, also keine brodelnden Kupferkessel oder geistspuckenden Rohre, haben, müssen wir bereits hergestellte Branntweinsorten verwenden (darüber später mehr) und diesen Kräuter, Gewürze oder Früchte zusetzen. Die Aromastoffe der Ingredienzen gehen dann bei Temperaturen um 20° C in den Alkohol über. Man kann diesen Vorgang auch als eine Trennung der löslichen von den unlöslichen Bestandteilen ansehen. Deshalb ist auch ein häufiges Schütteln der aufgesetzten Flüssigkeit notwendig (Heilkundler sprechen von zehnmal pro Tag). Diese Technik wird Kaltauszug oder in der Fachsprache Mazeration (französisch „macérer = einweichen") genannt. Nach einer gewissen Zeit, die von den jeweiligen aufgesetzten Gewürzen, Früchten usw. abhängt, gibt man das Alkoholgemisch durch einen Filter und besitzt seinen Geist, der nun Geschmack und Heilwirkung der jeweiligen Droge beinhaltet. Die Mazeration kann in jedem beliebigen Glas oder Steinzeuggefäß durchgeführt werden; wichtig ist nur, zum Beispiel bei Früchten, eine weite Öffnung des Gefäßes, um es nachher wieder leicht entleeren zu können. Die Mazeration kann auch mit jedem beliebigen Alkohol durchgeführt werden; Sie müssen sich nicht an den von mir vorgeschlagenen halten. Haben Sie ruhig Mut, zu variieren und Ihren Geschmacksvorstellungen gerecht zu werden. Es geht mit Korn, Doppelkorn, Klarem, Gin, Weinbrand, Cognac, Whisky, Wein, Most etc. Nur die Alkoholstärke spielt eine Rolle. Früher – das sehen Sie zum Teil an meinen Rezepten – hat man ihr noch viel mehr Wert beigemessen. In der Regel wurden 40 – 60%ige Alkoholika als Ansetzmittel verwendet, vor allem bei getrockneten Drogen. Frische Früchte dagegen – wahrscheinlich aufgrund ihres Wassergehaltes – wurden mit 96 – 98%igem Alkohol angesetzt. Diesen hochprozentigen Alkohol kann man zwar in der Apotheke erhalten, aber nur ein geringes Kontingent, weil er medizinischen Zwecken dienen soll. In der Drogerie ist er auch zu haben, hier aber teurer. Heute hat man gemerkt, daß 38 – 40%iger Alkohol, wie zum Beispiel Doppelkorn oder Weinbrand, gleichgute Ergebnisse erzielt. Auch hier kann ich nur zum kreativen Experimentieren auffordern. Einen Vorteil gibt es allerdings bei hochprozentigem Alkohol: man kann damit eine an Aromastoffen gehaltvolle Essenz herstellen, die sich „ewig" hält und mit der man dann durch Zugabe von niedrigprozentigem Alkohol bzw. auch Zucker seinen Geist bzw. Likör mischen kann.

Den Brennereien stehen dagegen die Möglichkeiten der Perkolation, Digestion und Destillation zur Verfügung.

Die Perkolation (lateinisch „perkolare = durchsickern lassen") ist eine intensive Mazeration mittels ständig durchströmender Auszugsflüssigkeit. In einem Perkolator werden die löslichen Teile bei langsamer Durchdringung vom Ansatzalkohol gelöst und nach unten abgeführt.

Heute nur noch selten angewendet wird die Digestion, hauptsächlich

durchgeführt bei der Kräuterlikörherstellung. Zwei bis drei Tage lang werden die Kräuter mit dem Ansatzalkohol in einem Digerierapparat bei einer konstant eingestellten Temperatur ausgezogen. Diese Methode geht natürlich viel schneller vor sich als die Mazeration.
Bei der Destillation (lateinisch „destillare = herabtropfen") werden aus Drogen- und Fruchtauszügen oder vergorener Fruchtmaische (im Faß angesetzte zerkleinerte Fruchtmasse) die flüchtigen Anteile von den nicht oder schwerflüchtigen Anteilen durch Erhitzen getrennt. Die flüchtig werdenden Stoffe werden durch Kühlung kondensiert, also wieder verflüssigt. Da der Siedepunkt des Alkohols weit niedriger ist als der des Wassers, steigt er zuerst auf. Und was nimmt er dabei mit? Die ätherischen Öle und Geschmacksstoffe. Die Destillation ist ein Gebiet für Fachleute. Sie verlangt nicht nur spezielle Kenntnisse, sondern auch eine Brennerlaubnis vom Vater Staat, der an jedem Schluck, den wir genießen, beteiligt ist.
Zum Schluß noch etwas über das gebräuchlichste Vokabular. Alkohol ist in der Fachsprache der Äthylalkohol oder Äthanol (chemische Formel $CH_3\_CH_2OH$), entstanden durch Destillation. Reiner Alkohol ist im Idealfall ein reiner, wasserfreier Äthylalkohol. Der im Handel erhältliche „reine Alkohol" hat einen geringen Anteil Wasser von 0,5 bis 1%.
Unter Branntwein („gebranntes Wasser") versteht man extraktfreie oder -arme Spirituosen, auch mit Zusätzen von Geschmacksstoffen. Im weiteren Sinn werden heute alle Alkoholika so genannt, die durch Destillation gewonnenen Alkohol enthalten. Brennspiritus (Er hat hier gar nichts zu suchen!) ist ein durch Zusatz von Methylalkohol, Pyridin und anderen Stoffen total vergällter, ungenießbarer Äthylalkohol. Der Äthylalkohol, der ausschließlich von der Bundesmonopolverwaltung als Monopolsprit verkauft wird, heißt Primasprit. Er hat einen Alkoholanteil von 96,4 Vol. % und ist frei von jedem Nebengeschmack oder -geruch. Spiritus (lateinisch, „Geist"), auch Sprit genannt, ist ein noch nicht genügend gereinigter, klarer hochprozentiger Äthylalkohol; er enthält noch Fuselöle. Weingeist ist nur ein gebräuchlicheres Wort für Äthylalkohol.
Nun aber Schluß mit dieser Alkohol-Theorie. Oder noch etwas Historie? „Alkohol" kommt von „al khol" (arabisch) und bezeichnet ein Pulver für die Kosmetik arabischer Damen. Im 15. Jahrhundert verwendete dann Paracelsus (Theophrastus Bombastus von Hohenheim) diese Bezeichnung des „feinsten Pulvers, das sich herstellen läßt" für das bis dahin genannte „aqua vitae". Und das Brodeln in Kellern und Klostergemäuern ging weiter. Ein spanischer Leibarzt der Päpste, Dr. Arnoldus Villanovanus, soll dann als erster Aroma- und Heilstoffe (diese waren ja bestens bekannt) mit Alkohol und Zuckersaft zu Likören vereint haben. Eine große Anhängerin dieser süßen Neuigkeit war Katharina von Medici. Als sie 1533 durch die Heirat mit Heinrich II. nach Frankreich kam, wurde „Liqueur" auch hier bekannt und gelangte nach Mitteleuropa. Mönche experimentierten und fanden zu ihren geheimen Kräuterlikör-Rezepturen, und das im Sinne Gottes. Denn wie heißt es bei Moses im 5. Buch? „Und gib das Geld für alles, woran dein Herz Lust hat, es sei für Rinder, Schafe, Wein, starkes Getränk oder für alles, was dein Herz wünscht, . . . und sei fröhlich".
Etwa seit dem 18. Jahrhundert versuchten sich dann nicht nur Mönche, sondern auch Apotheker und dann Hausfrauen an neuen Mixturen. So wurden Likörrezepte auch in Kochbüchern aufgenommen und uns auf diesem Weg erhalten. Eine Vielfalt an „Süßem" entstand, so daß die Liköre irgendwann einmal eingeteilt wurden in Gewürz- und Kräuterliköre oder auch Bitterliköre. Diese sind die „medizinischen". Ihr Aroma erhalten sie aus Samen, Kräutern, Wurzeln oder auch Rinden. Zumeist in Klöstern entstanden, tragen sie heute noch Bezeichnungen wie Mönchs-, Kloster-, Abtei-, Benediktiner-, Kartäuser- oder Trappistenlikör.
Fruchtsaftliköre sind ein Dreiklang aus Fruchtsaft, Zucker und Alkohol. Soll

es ein Brandy sein, muß ein gewisser Alkoholanteil aus dem spezifischen Fruchtgeist bestehen. In die Sparte der „sonstigen" oder „anderen Liköre" gehören Kakao-, Kaffee- und Teeliköre sowie Honig- und Emulsionsliköre. Letztere sind die Eierliköre oder Milchliköre. Hier müssen bei der Herstellung die Zutaten homogenisiert werden. Wenn Sie nun zu Ihrem „liqueur de ménage" schreiten möchten, egal welche Aromaträger Sie verwenden, beweisen Sie auch hier Ihre Kunst, beginnen Sie zu komponieren. Eines ist jedoch zu beachten: das „Dreiecksverhältnis" Aromastoff, Zucker, Alkohol muß stimmen. Damit meine ich: Ist der Likör Ihnen zu süß und Sie verwenden weniger Zucker, so müssen Sie die Alkoholstärke erhöhen; möchten Sie ihn weniger stark, sprich alkoholschwächer, so muß er etwas süßer werden. Dies alles nur hinsichtlich der Haltbarkeit. Für sie ist auch die Lagertemperatur wichtig: gleichgültig ob Geist, Likör oder Topf – es sollten immer 18°C sein in einem dunklen und trockenen Raum.
Die Rezeptauswahl enthält in ihrem letzten Teil Anregungen zu Fruchttöpfen. War der Rumtopf früher als eine Möglichkeit der Konservierung verbreitet, gehören er und seine Varianten heute zu den reinen Gaumenfreuden. Den „Töpfen" hier schon eine Vorrede zu widmen, erscheint als überflüssig – die Devise soll vielmehr lauten: Anfangen – und viel Spaß und Erfolg!

Sieben Sachen

Jedes Hobby, sei es in Küche, Keller, Werkstatt oder Garten, verlangt nach einigen Gerätschaften. Was wäre ein Gärtner ohne Spaten, ein Hobbymaler ohne Pinsel? Für unsere „Handarbeit" benötigen wir wirklich nicht viel, aber ohne geht es eben nicht. Denn wie wollen Sie sonst beispielsweise abwiegen, messen oder vergleichen? Die sprichwörtlichen „sieben Sachen" gliedern wir nach ihren Funktionen.

Abwiegen

Eine Haushaltswaage wird wohl in jedem „aktiven" Haushalt vorhanden sein. Sie ist gut für größere Mengen an Früchten oder Ingredienzen. Für das Abwiegen kleinster Zutaten, zum Beispiel bei den Gewürz- oder Kräuterlikören, benötigen Sie eine kleine Apothekerwaage. Diese ist allerdings nicht ganz billig. Aber die Freude und den Spaß daran sollten Sie sich eigentlich schon gönnen. Vielleicht lassen Sie bei Ihrem nächsten Geburtstag „mal alle Verwandten zusammenlegen", um Ihnen solch eine Waage zu verehren. Notfalls können Sie die Gewürze und Kräuter beim Apotheker oder Drogisten kaufen, und dort wird man sie Ihnen aufs genaueste abwiegen. Aber das heißt natürlich: Sie können nicht selbst sammeln und ernten.

Messen von Flüssigkeit

Vor allem wird ein Meßbecher, nicht aus Plastik, sondern emailliert, zu 1000 ml oder auch 2000 ml benötigt. Für die kleineren Einheiten ist dann noch ein Meßzylinder aus Glas von 100 ml oder darüber von Nutzen. Möchten Sie es ganz exakt, dann legen Sie sich auch noch einen bis zu 100 ml zu, hier sind die Teilmengen in 1 ml unterteilt.

Abfiltrieren

Das müssen Sie mit jedem Geist oder Likör machen, und hierfür ist ein Trichter notwendig. Auch er muß wegen der Fruchtsäuren aus Glas sein. Wenn Sie sich nur für einen entscheiden, sollten Sie eine Mittelgröße wählen. Hinzu kommen dann noch Papierfilter, die es fertig ebenfalls in verschiedenen Größen, aber auch in verschiedenen Durchlässigkeitsstärken gibt. Möglich ist auch, selbst aus Filterpapier einen Filter zu falten. Unsere Großmütter hatten diesen Anspruch nicht. Sie nahmen ein étamine. Dies war ein Seih- und Passiertuch aus besonderem Gewebe (Nessel). Über ein Gefäß gespannt, in das man dann abgoß, war es ebenso hilfreich. Manche Hausfrauen von heute versuchen es auch mit einem Kaffeefilter.

Zerkleinern

Als viertes benötigen wir Messer – die auch schneiden! Mit einem geschärften Messer geht es noch mal so schnell und noch mal so gut. Auch reicht nicht nur eins, sondern verschiedene Größen werden benötigt, um die Arbeit zu erleichtern. Zum Granulieren von Körnern oder anderen kleinen Drogen ist allerdings ein Mörser vorteilhaft. Er sollte aus Porzellan sein.

Entsaften

Da man für einige Rezepte Fruchtsaft benötigt, bedeutet Nr. 5 eine Saftzentrifuge für die Fruchtsaftgewinnung auf „kaltem" Wege; oder auch einen Dampfentsafter. Möglich wäre auch, die Früchte zu zerkleinern, in ein Seihtuch, das an den vier Beinen eines umgekehrten Stuhles befestigt wurde, zu geben, in ein darunter gestelltes Gefäß ablaufen zu lassen und dann noch auszudrücken.

Alkoholmessung

Falls Sie Sorge haben, Sie könnten bei all den Geistern oder Likören ein Zuviel an Alkohol konsumieren, so brauchen Sie ein Alkoholometer, das Ihnen bei allen Geistern exakte Auskunft gibt.

Die Bestimmung des Alkoholgehaltes von Likören geht auf diese einfache Art und Weise leider nicht, da die zur Messung notwendige Viskosität des Wassers nicht mehr ausreichend gegeben ist. Hier muß gerechnet werden (aber nur, wer Spaß daran hat!), und zwar mit Hilfe der Bruchrechnung: Gewünschter Alkoholgehalt des Endproduktes, geteilt durch den Alkoholgehalt des zu verwendenden Ansetzalkohols, abzüglich des gewünschten Alkoholgehaltes des Endproduktes, multipliziert mit der Menge der hinzukommenden alkoholfreien Flüssigkeit, ergibt die notwendige Menge des Ansetzalkohols.

Ein Beispiel:

$$\frac{32\%}{40\% - 32\%} \times 0{,}5\,\text{l} = \frac{32}{8} \times 0{,}5\,\text{l} = 4 \times 0{,}5\,\text{l} = 2\,\text{l}$$

D. h., Sie benötigen 2 l des 40%igen Ansetzalkohols, um mit 0,5 l Fruchtsaft einen 32%igen Likör herzustellen. Da Sie bei den „Töpfen" niemals die reine Flüssigkeit haben, ist hier weder Messung noch Rechnung möglich. Man muß sich eben auf seine Zunge oder sein Gefühl verlassen.

Aufbewahren

Und nun zu Nr. 7 – ohne die geht es ganz und gar nicht. Sie brauchen Flaschen, Flaschen und nochmals Flaschen. Fragen Sie nach bei Freunden und Verwandten, und lassen Sie die schönsten sammeln.

Übrigens: Apothekerwaage, Meßzylinder, Trichter, Mörser und Alkoholometer erhalten Sie in jedem Fachgeschäft für Labor- oder medizinische Geräte. Hier werden Sie vor allem nicht nur freundlich, sondern auch fachmännisch beraten.

Alkoholsorten, Zucker, Wasser

Vom Alkohol

Sie können grundsätzlich den Alkohol verwenden, der gerade zur Verfügung steht. Ich gehe hier nur auf die Alkoholika ein, die Sie für meine Rezepte – wenn Sie nicht abwandeln möchten – verwenden.

Armagnac
Älter als sein Kollege, der Cognac, entstand er schon im 15. Jahrhundert und ist wie dieser geschützt. Seine Heimat sind genau abgegrenzte Gebiete in der Gascogne, und von dort darf er eben nur kommen. Sein Aroma ist kräftig und mild zugleich, aber anhaltender als das des Cognac. Seine ganz speziellen Anhänger trinken ihn nach dem Kaffee aus der gerade geleerten, noch warmen Kaffeetasse.

Cognac
So wie heute kennen wir ihn erst seit 1909; zu dieser Zeit wurde dieser französische Weinbrand durch die Herkunftsbezeichnung gesetzlich geschützt. 21 Arrondissements dürfen ihn heute herstellen, den Eau-de-vie-de-vin aus Cognac. Über seine Entstehung gibt es viele Geschichten, wobei die folgende wohl etwas Wahrheit enthält. Im Bruderkrieg zwischen Katholiken und Hugenotten wurden die kostbaren Weinstöcke der Gegend von Cognac völlig zerstört. Die Qualität der neuen Weinstöcke war mit jener der alten nicht mehr zu vergleichen. So versuchten die Weinbauern das Rezept aus der Gascogne: sie begannen zu destillieren, und zwar vierfach. Es wird also viel Zeit für den französischen Edeltropfen aufgebracht. Die Lagerzeit beträgt dann bei guten Sorten 25 Jahre und länger. Das sagen die Bezeichnungen V.O. (sehr alt), X.O. (besonders alt), V.O.P. (sehr alt, hell) usw. aus. Die älteste Bezeichnung ist V.V.E.S.O.P. („very very extra superior old pale = ganz besonders alter, vorzüglicher, heller"). Wie beim Armagnac bestimmen natürlich noch Zusätze den Geschmack, beispielsweise Pflaumen-, Mandel- oder Teeauszüge. Der typische weich-seifige Geschmack des Cognac wird durch nicht ganz ausgegorene Hefezusätze im Most erreicht.

Weinbrand
Die deutsche Gesetzgebung legte damit einen Branntwein fest, dessen Alkohol ausschließlich aus Weindestillat besteht, und das geschieht nach Art des Cognac. Weinbrandverschnitt ist ein mit Alkohol anderer Art verschnittener Weinbrand. Wie für den Cognac ist auch für den Weinbrand eine lange Lagerzeit in Eichenfässern geschmacks- und natürlich auch qualitätsbestimmend. Das Aroma wird kräftiger und die Farbe dunkler.

Klarer
Ein farbloser, meist ohne Aroma bestehender Branntwein wird als Klarer bezeichnet. Waren früher klassische Klare der Korn oder Wodka, handelt es sich heute meist um Kartoffelbranntwein.

Korn, Doppelkorn
Der römische Dichter Horaz glaubte zu erkennen: „Nos numerus sumus et frugus consumere nati!" Zu deutsch: „Nullen sind wir, geboren allein zum Verzehren der Feldfrucht". Aber aus den Nullen wurden schlaue Brennmeister, und sie machten aus Roggen, Weizen, Buchweizen, Hafer oder Gerste den „Korn" (32 Vol. %) oder den „Doppelkorn"(38 Vol. %). Bekannte Namen sind Nordhäuser Korn, Münsterländer Korn, Bocholter Korn, Fürst Bismarck, Doornkaat und viele, viele andere mehr. Die meisten von ihnen erhalten Zusätze von Aromastoffen: Anis, Koriander, Nelken oder auch Zimt. Auch sind viele keine Klaren mehr, da sie aufgrund der Lagerung in Fässern eine leichte Gelbfärbung angenommen haben.

Obstler
Der Obstler ist ein typischer

Obstbranntwein im süddeutschen oder oder alpenländischen Raum und wird oft von Hausbrennereien destilliert. Es wird gebrannt, was am meisten vorhanden ist. Das kann Pflaume, Zwetschge, Kirsche sein, aber meistens sind es Apfel oder Birne, aber auch beides zusammen. Nicht jede Fruchtsorte kann destilliert werden, da dies ja vom Zuckergehalt der Früchte abhängt.

Obstwasser
Darunter versteht man einen Obstbranntwein, meist aus Steinobst oder Beeren, die keinen Zusatz von Zucker oder anderem Alkohol, auch nicht Farbstoffe, enthalten dürfen. Auch Kernobstbranntweine zählen hierzu.

Obstgeister
dagegen werden unter Zusatz eines anderen Alkohols destilliert, aber auch ohne Zucker und Farbstoffe. Sie werden meist aus zuckerarmen Obstsorten gebrannt.

Gin
„Stockbesoffen für 2 Pence" hieß der Werbespruch skrupelloser englischer Gastwirte im 17./18. Jahrhundert. Gemeint war Gin, ein Abkömmling des Genevers, den Wilhelm von Oranien mit nach England brachte. Um dieses Getränk publik zu machen und um französische Einfuhren zu stoppen, erlaubte er, abgabenfrei zu brennen, übersah aber die Folgen nicht. Eine Ginwelle überschlug das englische Reich und brachte Verzweiflung, Not, Elend und Tod mit sich. Dieser Branntwein aus Gerste, Roggen und stark zuckerhaltigem Wacholder wurde immer billiger und auf immer zweifelhaftere Weise gebrannt. Dieses Vorgehen wurde dann endlich mit einem Gin-act beseitigt. Heute wird Gin mehrfach destilliert, um so zu einem zartflüchtigen Bukett zu kommen.

Rum
Viel „Rumbullion" (Krawall) gab es auf Jamaika, wenn die Seefahrer zu viel von dem dortigen Zuckerrohrschnaps getrunken hatten. Dieser ist eigentlich klar (weißer Rum) und erhält seine fast dunkelbraune Farbe durch die Lagerung in Holzfässern, aber auch durch Zuckercouleur. Er wird noch heute aus Jamaika, aber auch aus Kuba, Guayana, Puerto Rico, Mauritius und Martinique importiert.

Arrak
Oft wird er mit dem Rum in Verbindung gebracht, als „Rum der Asiaten". Er ist aber ein ganz anderer Branntwein. Destilliert wird er aus Reis, Zuckerrohrmelasse oder anderen zuckerhaltigen Pflanzensäften, meist ist es Palmwein. Je nach Erzeugerland gibt es unterschiedliche Arraksorten, und zwar einmal durch die Zusammensetzung der Ausgangsprodukte, zum anderen durch die unterschiedliche Vorbehandlung des zu destillierenden Produktes.

Sake
Ausgangsprodukt bei diesem asiatischen Getränk ist ebenfalls Reis. Man muß hier allerdings unterscheiden zwischen dem Reiswein, einem aus vergorenem Reis hergestellten schwach alkoholischen Getränk, das dem Sherry ähnlich ist, und dem gebrannten Reiswein, der auch Sake genannt wird.

Madeira
Ein Dessertwein von der gleichnamigen Insel. Ein herrlicher Tropfen, den man in vier Abstufungen, also in vier Süßegraden aufgrund der Traubensorten, genießen kann. Wollen Sie mehr wissen, schlagen Sie gleich das Rezept „Erdbeeren in Madeira" auf.

Wein
Wer trank ihn nicht schon; die Phöniker, Griechen, Römer, Merowinger, Karolinger – keiner wollte darauf verzichten, obwohl es ein arbeitsreicher Weg ist bis hin zum edlen Tropfen. Schon bei der Traubensorte, den Bodenverhältnissen, aber auch bei der Weinlese (Ernte der Weintrauben) entscheidet sich zu einem Teil die Qualität (Frühlese/ Spätlese). Die Trauben müssen, bevor sie in die Kelter (Presse) kommen, entrappt, d. h. von den Stielen befreit werden. Dann wird der Most (Saft) abgepreßt, von Unreinheiten getrennt und kommt zum Gären in Fässer. Beim Rotwein geschieht das Abpressen nach dem Gärprozeß, damit der Alkohol die

roten Farbstoffe aus der Beerenhaut aufnehmen kann. Hefepilze (sie sind als Sporen an den Trauben vorhanden) sorgen für die Gärung und spalten den Fruchtzucker in Alkohol und Kohlensäure auf. Letztere entweicht durch einen Gärspund. Dieser Gärvorgang bedarf ebenfalls des wachsamen Auges der Weinbauern. Die Gärung darf nicht zu schnell, aber auch nicht zu langsam vonstatten gehen; es ist eine Frage der Temperatur. Und dann hört der Wein von selbst auf zu gären. Das geschieht ungefähr bei einem Alkoholgehalt von 14%; zurück bleibt die Restsüße: der Rest an unvergorenem Zucker. Dann werden Wein und Hefesatz getrennt. Der junge Wein muß nun noch filtriert, gelagert, wiederum filtriert, in Flaschen abgefüllt und nochmals gelagert werden.

Vom Zucker

Lange, lange hat es gedauert, bis der Honig seine vorherrschende Stellung als Süßmittel an den Zucker abgeben mußte. Zwar war der neue Stoff der Antike schon wohlbekannt, aber einen regelrechten Konsum gab es erst mit Ausdehnung der Zuckerrohrplantagen auf die Mittelmeergebiete, atlantischen Inseln und Westindien. In Europa lange Zeit als Heilmittel angesehen, gehörte Zucker noch im 19. Jahrhundert zu den Luxusgütern – trotz der Zuckerrüben, die man schon anpflanzte. Diese machten dann dem Zuckerrohr Konkurrenz. Heute kennen wir eine ganze Palette an Zuckerformen. Für die Liköre und Töpfe brauchen wir Kristallzucker-Raffinade, Farin-Zucker, Puder-Raffinade, braunen und weißen Kandiszucker. Raffinade ist eine Reinheitsgrad-Bezeichnung und erfüllt die Qualitätsanforderungen am besten. Farin-Zucker ist dagegen eine etwas schlechtere Qualität; gewonnen wird er aus den Zuckerabfällen der Raffinade-Herstellung. Kristallzucker besagt etwas über die äußere Form: hier sind die Kristalle noch deutlich ausgebildet. Bei Puder-Raffinade sind diese nicht mehr zu erkennen, er ist puderfein gemahlen. Kandiszucker – große Kristalle in braun oder weiß – entsteht beim Erkalten reiner Zuckerlösung; der braune ist durch Zuckercouleur gefärbt. Arbeiten wir mit Zuckerlösungen, ist folgendes zu beachten. Zucker ist, und das wiederum abhängig von der Temperatur, nur in bestimmter Menge in Wasser löslich. Nur ein Beispiel: Um 1 kg Zucker in kaltem Wasser zu lösen, benötigt man 0,56 l. Bei einer Wassertemperatur von 40° C braucht man nur noch 0,42 l. Haben Sie also zu wenig Wasser, bleibt ein Teil des Zuckers unaufgelöst, oder aber er kristallisiert beim Abkühlen aus (siehe Eis- bzw. Kristallkümmel beim Rezept Kümmellikör). Um dieses Problem aus dem Weg zu schaffen, besorgen Sie sich aus der Apotheke kristallisierte Zitronensäure. Sie erhalten sie in Pulverform. Mit ihr können Sie invertierten Zucker herstellen. Das bedeutet, Sie machen aus dem handelsüblichen Zucker Trauben- und Fruchtzucker. Und das bedeutet auch, Sie können ziemlich hohe Zuckerkonzentrationen bei jeder Temperatur flüssig halten. Um eine 1-Liter-Zuckerlösung herzustellen, geben Sie 1 kg Zucker-Raffinade in 0,48 l Wasser und fügen ½ Kaffeelöffel Zitronensäure hinzu. Diese Mischung wird aufgekocht und unter Rühren genau 10 Minuten auf geringer Hitze weitergekocht. Sie können diese Zuckerlösung dann noch beliebig mit Wasser mischen, um eventuell die Alkoholstärke Ihres Likörs herabzusetzen.
Sprachen wir am Anfang vom Honig, wollen wir mit ihm auch diesen Passus beenden. Honigliköre (z. B. Bärenfang) müssen natürlich mit diesem gesüßt werden. Bei allen anderen ist davon abzuraten. Durch den typischen Eigengeschmack des Honigs würden Ihre anderen Liköre „vorschmecken": der Honiggeschmack wird den jeweiligen Gewürz- oder Fruchtgeschmack verändern oder überdecken.

Vom Wasser

Um Geister oder Liköre (nicht Töpfe) auf ihre Trinkstärke herabzusetzen, benötigen Sie Wasser. Leider können Sie aber nicht einfach den Wasserhahn aufdrehen. Unser heutiges Wasser ist zu hart: Karbonate, Sulfate oder Eisen des Wassers würden im Alkohol ausfallen und ihn trüben. Diese Trübungen können auch erst später eintreten. Deshalb besorgen Sie sich für diese Fälle destilliertes Wasser aus der Apotheke.

Früchte und Drogen

Es sollten grundsätzlich nur die Früchte, Kräuter und Pflanzenteile gesammelt werden, die man wirklich kennt und ohne Zweifel bestimmen kann. Sind Sie Neuling, vergleichen Sie anhand der Beschreibungen und Abbildungen aufs genaueste, oder schließen Sie sich Freunden an, die Erfahrungen haben und Sie einweisen. Nehmen Sie wirklich keine Pflanze, die unter Naturschutz steht. Gestehen Sie sich auch keine Ausnahme zu! Besorgen Sie sich vielmehr diese Drogen in der Apotheke, die Ihnen Erzeugnisse der angepflanzten Arten verkauft. Auch lassen Sie immer einige Pflanzen der Art, die Sie gerade ernten, an ihrem Standort unberührt, um so dort eine Ausrottung zu verhindern. Möchten Sie das ganze Kraut ernten, schneiden Sie bitte nicht zu tief, sondern ein paar Fingerbreit über dem Erdboden ab, sonst wäre eine Assimilation der Pflanze nicht mehr möglich. Sind es Halbsträucher, schneiden Sie nur die frischen Teile ab. Sie würden die anderen, zum Beispiel verholzten Teile ohnehin nicht verwerten. Benutzen Sie immer ein scharfes Messer. Da Sie viele Pflanzen, besonders Kräuter, hinsichtlich ihrer ätherischen Öle oder sonstigen Wirkstoffe sammeln, sollte dies am frühen Nachmittag geschehen. Zu diesem Zeitpunkt ist aufgrund der Sonnenabhängigkeit der photosynthetischen Assimilationsvorgänge der Gehalt der Pflanzen an Zellsubstanzen, für uns dann an Wirkstoffen, am reichsten. In der Nacht werden von der Pflanze dann beträchtliche Reserven abgebaut. Aus ähnlichen Gründen erntet man Blätter vor oder nach der Blüte, weil die Pflanze dann die notwendigen Substanzen für die Blüte oder dann auch für den späteren Fruchtstand dem Kraut entnimmt. Möchten wir unterirdische Pflanzenteile ernten, muß man aus diesen Gründen ebenfalls einen anderen Zeitpunkt wählen. Nach der Fruchtabgabe im Herbst speichern die Pflanzen für die Überwinterung ihre Nährstoffe in Zwiebeln, Knollen und Wurzelstöcken. Dann sind diese also für uns am reichhaltigsten. Aber auch hier bitte in Maßen sammeln und nur das mit nach Hause nehmen, was wirklich gebraucht wird. Blüten werden am günstigsten noch vor ihrer völligen Entfaltung gepflückt, und zwar vormittags. Auch sollten Sie nur an schönen und trockenen Tagen zur Suche aufbrechen, um zum Beispiel Schimmelbildung oder auch Gärung der Drogen zu vermeiden. Generell werden nur saubere, nicht beschädigte, gut entwickelte, reife, schädlingsfreie, weder verfärbte noch fleckige Pflanzenteile oder Früchte gesammelt. Dafür sollten Sie auch auf dem Transport Sorge tragen. Benutzen Sie immer einen Korb. Wie schon im Rezeptteil erwähnt, legen Sie ihn beispielsweise mit Haselnuß- oder Weinblättern aus, und decken Sie damit auch das Sammelgut ab. Verwenden Sie nie wärmestauende und Kondenzfeuchtigkeit haltende Plastikbeutel. Dies sieht ja auch schon gar nicht „fachmännisch" aus. Zu Hause angelangt, muß sofort ausgepackt werden. Dann verlesen und alles ausbreiten. Die zum Trocknen bestimmten Vegetabilien dürfen nicht gewaschen werden. Man breitet sie auf unbedrucktem Papier dünn aus. Ideal sind mit Leinen bespannte Holzrahmen. Langstielige Pflanzen können locker gebündelt aufgehängt werden. Der Trocknungsprozeß sollte in einem gut belüftbaren, schattigen Raum, der nicht feucht sein darf, vonstatten gehen. Bei künstlicher Trocknung in der Backröhre sollten 35° C, maximal 50° C, nicht überschritten werden. Auch gilt noch immer Omas Zwirnfaden-Methode: Sie können nicht nur Pilze oder Apfelringe, sondern auch Wurzelteile oder Krautteile mit Nadel und Zwirn aufziehen, so daß sie rundherum gleichmäßig trocknen können. Wann ist nun was vollständig trocken? Blätter hören sich bei Bewegung wie Papierrascheln an; Stengel, Rinden oder Wurzeln müssen beim Biegen sofort zerbrechen, und Früchte und Wurzeln müssen hart wie Holz sein. Aufbewahren, am besten immer nur ein Jahr – da mit der Zeit Würzkraft und Heilwirkung geringer werden –, in Papier- oder Stoffsäckchen oder auch Pappkartons; in einem wiederum trockenen, gut belüfteten und nicht zu warmen Raum.

Ansonsten benötigen Sie das, was im Rezept angegeben ist und nicht gesammelt werden kann:

Aus der Apotheke

Iris germanica (Veilchenwurzel), Arnika, Bitterklee, gelber Enzian, da sie unter Naturschutz stehen und nicht geerntet werden dürfen. In der Apotheke erhalten Sie dann die kultivierte Variante.
Weiterhin erhalten Sie in der Apotheke und in Gewürzläden alle ausländischen Drogen, die halt zur Geschmacksabrundung schon immer wichtig waren und sind, beispielsweise Chinarinde, Ingwer (frisch aus dem Delikatessengeschäft), Johannisbrot, Kardamom, Kurkuma, Muskatnuß und -blüte (auch Macis), Myrrhe (des „Myrrhenbaumes"), Moschuskörner, Nelken, Nelkenpfeffer, Orangenblüten, Paradieskörner, Pomeranzenschale, Safran, Sternanis, Tonkabohnen, Vanille, Zimtstange, Zimtblüten.

Aus dem Lebensmittelgeschäft

Zutaten wie Kaffee, Kakao, Tee, Wein, Mandeln, Bittermandelaroma, Rumaroma, Rosinen, Gelatine, Puddingpulver, Lakritze, Lebensmittelfarben und natürlich Korn, Doppelkorn, Gin, Klarer . . .
Hinsichtlich Lebensmittelfarben noch eine Anmerkung: Mit ihnen geht es selbstverständlich am schnellsten, natürlich sind jedoch biologische Mittel. Safran zum Gelbfärben, Fruchtsäfte (zum Beispiel Holunder) zum Rotfärben, Zuckercouleur zum Braunfärben. Zucker mit wenig Wasser so lange erhitzen, bis er karamelisiert und ganz braun ist; das Rühren dabei nicht vergessen. Für andere Farbtöne muß man auf künstliche Lebensmittelfarben zurückgreifen.

111 Rezepte, ein bißchen viel?

„Ja, wo fange ich denn am besten an?" wird sich so mancher von Ihnen fragen. Aber aller Anfang ist gar nicht so schwer. Wenn Sie Lust haben, etwas anzusetzen, gehen Sie in Ihren Garten, und schauen Sie nach, was verwendet werden kann. Oder Sie lassen sich auf anderen Wegen, zum Beispiel beim Spaziergang, von der Natur anmuten. Oder aber Sie gehen den bequemsten Weg: den zu Ihrem Obst- und Gemüsehändler oder Ihrem Lebensmittelhändler. Lassen Sie sich vom ersten Eindruck zum Ansetzen verführen. Wenn das nun alles noch nicht geholfen hat, hier einige gute Tips für den Anfang, aber auch zugleich Geheimtips, die in meiner „Likör- und Geisterecke" fast immer anzutreffen sind:

Geister von Hundsrose, Himbeere oder Kümmel
Gewürzlikör (aus 6 Gewürzen) oder Vanillelikör
Pfefferminzlikör (schon die Farbe allein beeindruckt)
Kirsch- und Quittenlikör (mit diesen beiden liegen Sie immer richtig)
Kaffeelikör, Rosenlikör (glaubt niemand, daß es so etwas gibt)
Ostfriesische Bohnensuppe (diese Suppe überrascht jeden)
Walnüsse in Weinbrand

Hieraus eine Entscheidung zu treffen, dürfte nun nicht mehr schwerfallen.

Geister

Wie schon mehrmals angedeutet, ist dies unser Weg zu aromatischen, würzigen, herzhaften, edlen Geistern oder Schnäpsen. Jede Alkoholart kann mit Heilpflanzen, egal ob Kraut, Blüten, Samen oder Wurzeln, oder allen Obstsorten **ohne** jeden Zucker angesetzt werden. Man kann sie ‚kippen', ‚schnappen' (Schnaps) oder auch mit Bedacht hinsichtlich ihrer ‚Heilwirkung' trinken. Beim Kippen oder Schnappen sollte man allerdings bedenken: „Schnaps, das war sein letztes Wort, dann trugen ihn die Englein fort!"

Gewürzliköre

Wie fade und schal wäre unser Leben ohne die richtige Würze. Begonnen hat es wohl vor 50000 Jahren. So behaupten es die Archäologen, die in Steinzeitsiedlungen Reste von Gewürzen fanden. Schriftliche Überlieferungen haben wir erst seit 7000 Jahren. Die Sumerer waren so freundlich, uns auf kleinen Tontafeln eingeritzt ihr Wissen, über Lorbeer oder Kümmel zum Beispiel, zu übermitteln. Seit 5000 Jahren wissen auch die Chinesen so manches zu berichten. Die nachhaltigste Verbreitung gewann die Arzneimittellehre „De Materia Medica" des griechischen Arztes Dioskurides, eine Abhandlung über die Pflanzen und ihre Wirkungsweise in fünf Büchern. Im 1. Jahrhundert n. Chr. geschrieben, hatte sie bis zur Renaissance Gültigkeit und einen festen Platz in der gesamten botanischen Literatur des Mittelalters. Ebenso beherrschten die Römer die Kunst des Würzens in Vollendung. Mit der Ausdehnung ihres Reiches brachten die Römer die Gewürzpflanzen in neue Regionen und machten sie auch hier heimisch. Stritten und bekriegten sich weltliche Fürsten um das Statussymbol Gewürz (Karl der Große allerdings hat einen kühlen Kopf bewahrt und mit seinem „Capitulare de Villis" den Anbau von Gewürzpflanzen einfach diktiert), begannen die Geistlichen, den neuen Pflänzchen in ihren Klostergärten einen eigenen Bereich einzuräumen, den Kräutergarten. Die bekanntesten sind der von St. Gallen oder der „Hortulus" des Walahfried Strabo auf der Insel Reichenau. Im Laufe ihrer Historie merkte man auch, daß Gewürze nicht nur eine Leckerei für den Gaumen sind, sondern ebenso helfen, Krankheiten zu verhindern oder zu lindern. Und diese beiden Seiten verschmelzen im Likör zu einer wundervollen Einheit.

Kräuterliköre

„Alles, was ich in meiner Apotheke empfehle, ist für arme Leute nicht schwer zu bekommen, da die Kräutlein in Gottes freier Natur wachsen, somit leicht gesammelt, getrocknet und zu Tee bereitet werden können. Wenn man sich nur die Zeit nicht reuen ließe, bei Spaziergängen oder ähnlichen Gelegenheiten die Kräuter zu sammeln!" Nachzulesen bei Pfarrer Kneipp (1821 – 1897) in „Mein Testament und Codizill". Über 40 Jahre lang erprobte Pfarrer Kneipp die Gaben der Natur, die er die „Apotheke Gottes" nannte. Wenn er auch damals nur den Tee empfahl, so lassen wir uns nicht abhalten, heute das Gesunde mit dem Genuß, die Medizin mit dem Vergnügen zu paaren. Genießen wir also einen guten Tropfen Alkohol, der den Pflanzen vor allem die ätherischen Öle – also die „Gesundheit" – entlockt hat; welche, das können wir selbst bestimmen.

Fruchtsaft- und Fruchtaromaliköre

In einem Fruchtsaftlikör ist außer Alkohol und Zucker der Saft der angegebenen Frucht enthalten. Ein Fruchtaromalikör – den machen wir in erster Linie – erhält seinen charakteristischen Geschmack aus den Früchten oder Fruchtteilen, nach denen er benannt ist. Auch für Fruchtliköre spielt „Johanni" eine große Rolle. Dies ist die Zeit um den 24. Juni. Es können grüne Walnüsse geerntet, Tannenspitzen gepflückt, und die roten, schwarzen und weißen „Träuble" der Johannisbeere gezupft werden. Fast alle Obstsorten können Verwendung finden. Da gibt es dann viel an- oder aufzusetzen bis zum Herbst. Und die letzten, im Herbst Angesetzten, können Sie dann in der Weihnachtszeit genießen, denn drei Monate Reifezeit machen den Likör aromatischer, vollmundiger. Jeder Tropfen eines Fruchtliköres ist ein Tropfen voller Poesie, Zärtlichkeit, Samtigkeit. Man fühlt sich ins Biedermeier zurückversetzt. Aber gönnen Sie sich dieses Gefühl nicht nur zur Weihnachtszeit, sondern zum oder nach einem Kaffee, bei einem gemütlichen Plausch – nicht nur unter Damen – oder auch als Seelentröster. Manch Angehöriger der Männerwelt wird von einem Kirsch begeistert sein, der an einen trockenen Sherry erinnert.

Sonstige Liköre

Eine etwas unbefriedigende Überschrift, aber sie hat dennoch ihren Sinn. Man kann eben nicht Kaffee-, Kakao- oder Teeliköre zu den Fruchtsaft- bzw. Fruchtaromalikören oder zu den Kräuterlikören rechnen, ebensowenig die Eierliköre; sie sind Emulsionsliköre, deren Zutaten bei der Herstellung homogenisiert wurden. Es sind also Liköre, die Milch, Sahne oder Eier enthalten. Und Sie werden sehen, es gibt hier so manch reizvolle Überraschung, für die der entsprechende Rezeptteil ein „Auffangbecken" darstellt.

Fruchttöpfe

Kannte man zu Omas Zeiten allein den Rumtopf, um im Haushalt Obst mit Alkohol zu konservieren, wandert heute so manches Früchtchen auf verschiedenste Art und Weise in den Alkohol, nur um unseren Gaumen zu erfreuen. ‚Beschwipste Früchte' sind eine Delikatesse zu Flammeris, Eis, solo, auf Kuchen und Torten etc. Dabei fällt dann als Nebenprodukt ein sanfter oder auch ein scharfer Tropfen an. Beides zusammen kann man auch, nicht nur in kalten Zeiten, im Tee genießen.

Die Endsilbe -topf kommt durch den Steintopf, in den von Mai bis November die Früchte je nach Saison eingefüllt werden, zusammen mit Zucker und Alkohol. Kenner von ‚Töpfen' setzen sogar lieber viele kleine Töpfchen an: also immer fruchtspezifisch.

Tips zum „besonderen" Mixen

Kannte man früher nur einen Aperitif, ein ungemischtes Getränk vor dem Essen, wie Vermouth, Sherry oder auch Pernod, so kamen in den letzten 30 Jahren sogenannte Drinks aus Amerika, die die gesamte Weltkugel eroberten. Drinks sind Mischgetränke, und der Phantasie des Kombinierens waren und sind keine Grenzen gesetzt. An der Spitze steht der *Cocktail.* Er hat die verschiedenartigsten Zusammensetzungen, aber immer eine Kirsche oder eine Olive. Die Bezeichnung kommt aus dem Englischen, wie alle anderen auch, und heißt in wörtlicher Übersetzung „Hahnenschwanz".
Dann kennt man *Flip* (immer mit Ei), *Fizz* (wird immer mit Sodawasser aufgegossen), *Cobbler* (aus Früchten und Wein oder Schnaps), *Cooler* (etwas Kühles mit Bier oder Sodawasser), und wenn Sie sich selbst eine Mischung ausdenken, ist es ein *Fancy-Drink,* ein Phantasiegebilde. Und dann gibt es noch aus dem Französischen *Pousse-Cafés,* die mit einem Kaffee nichts zu tun haben, außer, daß man sie nach dem Kaffee oder nach dem Essen reicht. Sie sind eine Kombination verschiedener Likörsorten in einem Likörglas. Je nach ihrem spezifischen Gewicht werden sie so übereinander gegossen, daß kein Likör in den anderen läuft.
Die genannten Drinks kann man noch unterteilen in „kurze" = „short Drinks", die nicht mit Soda oder Wein aufgegossen und nur vor dem Essen gereicht werden, im Gegensatz zu den „langen", den „long Drinks".

Aprikosen-Blüte
Dies ist ein short Drink für „vor dem Essen". In einen Shaker kommen 2 zerkleinerte Eiswürfel, 2 cl Orangensaft, 2 cl Zwetschgenwasser und 1 cl Aprikosenlikör. Gut durchschütteln und in ein Glas abseihen.

Apricot Brandy Daisy
Er ist ein spritziger und ein wunderbarer Begrüßungstrunk. 3 Eiswürfel zerkleinern und mit 2 cl Zitronensaft, 2 cl Apricot Brandy (muß nicht sein, nehmen Sie lieber Ihren Aprikosenlikör), 1 Teelöffel Weinbrand in einem Shaker durchmischen. Dann in ein Sektglas abseihen und mit Sekt auffüllen. Daisy ist auf deutsch ein Gänseblümchen. Lassen Sie doch in jedem Glas ein „daisy" schwimmen.

Aprikosenmilch
Ein hohes Glas wird mit 1 Kugel Vanille-Eis, 1½Tassen Milch, einem guten Schuß Aprikosenlikör und etwas Zucker nach Geschmack gefüllt. Etwas vermischen und mit einem Strohhalm servieren.

Barbara
In einem Shaker werden 3 Eiswürfel, 2 cl Wodka, 2 cl süße Sahne und 2 cl Kakaolikör gemixt. In ein Glas abseihen, und damit es hübscher aussieht, mit etwas Kakaopulver bestreuen.

Blutgeschwür
Schon mein Vater trank diese – wohl wenig delikat klingende – Mischung. In ein flaches, breites Glas gibt man 3 cl Eierlikör und darüber 1 cl Kirschlikör, nicht vermischen.

Café Rio
Für 4 gerade, hohe Gläser geben Sie 500 ml Mokkaeis, 8 Teelöffel Pulverkaffee und ½ l kaltes Wasser in einen Mixer, gut mischen und dann in

die Gläser geben. In diese kommt dann jeweils 1 Teelöffel Kaffeelikör. In diesem Fall darf es auch mal ein Kaffeelöffel sein. Den Strohhalm nicht vergessen.

C.C.C.
Diese C's stehen weder für ein Corps diplomatique noch für ein Corps de ballet sondern für 2 cl Créme de Cacao (Kakaolikör), 2 cl Cognac (kann auch Weinbrand sein) und 2 cl Café (kann auch Kaffee sein). Diese 3 C's geben Sie zusammen mit 3 Eiswürfeln, 1 Teelöffel Zuckersirup und einem Spritzer Zitronensaft in einen Shaker, gut schütteln und in ein Glas abseihen. Für die Dekoration schneiden Sie eine Scheibe Zitrone bis zur Hälfte ein und stecken sie an dieser Stelle auf den Glasrand. Oder aber für „süße" Gäste dazu eine Hohlhippe reichen.

daisy
Noch ein Gänseblümchen. „daisies" nennt man alle Getränke, die mit Selterswasser aufgefüllt werden. Je nach Lust und Laune wählen Sie einen Ihrer Liköre und einen Saft und gießen mit Soda, Selters oder Mineralwasser auf.

Dutch Pousse-Café
In ein schlankes hohes Likörglas, notfalls auch eine Sektflöte, geben Sie über einen Löffelrücken zuerst 1 cl Maraschino (nicht Bedingung), 1 cl Kirschlikör, 1 cl Kümmellikör und 1 cl Pfefferminzlikör. Sind sie Ihnen gelungen? Es ist schon schwierig, Schicht für Schicht, ohne daß sich etwas vermischt, einzufüllen. Da hilft nur üben.

Engelskuß
Gleich noch ein Pousse-Café. In ein hohes Glas kommen
3,5 cl Aprikosenlikör und darüber – am besten leicht angeschlagen – 1,5 cl süße Sahne. Nehmen Sie wieder den Löffelrücken zu Hilfe. Die obligatorische Cocktail-Kirsche kommt auf einen „Piker", und dieser wird über das Glas gelegt.

Fromme Helene
Nicht nur für fromme, vor allem für süße Helenen. Etwas fein geschabtes Eis wird mit 2 cl Eierlikör und 3 cl Kirschlikör (noch besser ist Maraschino) in ein Glas gegeben, umrühren und eine Kirsche obenauf.

Grashüpfer
Hierfür in einen Shaker 4 etwas zerschlagene Eisstücke, 3 cl Pfefferminzlikör, 2 cl Kakaolikör und 4 cl süße Sahne geben, gut durchschütteln und abseihen. Sie können aber auch einen Pousse-Café machen: Zuerst Crème de Cacao, dann Crème de Menthe und danach die leicht angeschlagene süße Sahne – alles in gleichen Mengen – über einen Löffelrücken hineinfließen lassen. Nach diesem grünen Hüpfer nun eine
Grüne Witwe
Das ist eine vom arbeitenden Ehemann daheim im Grünen – entfernt von der Stadt – zurückgelassene Ehefrau. Sie mixt sich in einem Becherglas auf zerstoßenem Eis jeweils 1,5 cl Gin, Vermouth und Pfefferminzlikör. Wenn sie Lust hat, knabbert sie dabei an einigen Pfefferminzblättchen.

Helgoländer
Ein Pousse-Café in den Helgoländer Farben „Grün-Rot-Weiß".
2,5 cl Pfefferminzlikör,
2,5 cl Kirschlikör und 2,5 cl Curacao werden wieder vorsichtig nach und nach in ein Glas gegeben. Setzen Sie doch 'mal Ihre „Familienfarben" zusammen.

Holländischer Kaffee
In eine vorgewärmte Tasse 3 cl Eierlikör geben und mit ⅛ l heißem kräftigen Kaffee aufgießen. Obenauf ein Häubchen aus Schlagsahne und mit einer Mischung aus ½ Teelöffel Kakao und ½ Teelöffel Pulverkaffee bestreuen. So reichhaltig ist aber nicht immer ein Frühstückskaffee in Holland.

Honigflip
In einen Shaker gibt man 2 Eiswürfel, 4 cl Bärenfang, 1 cl Wodka und 1 Eigelb. Alles durchschütteln und in ein Glas seihen.

Klarer mit Pünktchen
1 Schnapsglas gefüllt mit einem eigenen Geist und da hinein 2 Tropfen Himbeerlikör.

Knickebein
Dieser Drink erinnert mich an eine Bruchrechnung. Der Nenner, er kommt ja zuerst ins Glas, ist beispielsweise Weinbrand, der Bruchstrich ein Eigelb und der Zähler ein guter Rotwein. Da wir nicht nur bis 3 rechnen können, sind wir bei Zähler und Nenner sehr variabel: Kirschlikör / Whisky, Kirschlikör / Rosenlikör, Weinbrand / Wacholder. Sie können den Bruch auch umkehren oder sich selbst eine Aufgabe stellen. Sie dürfen nur nicht den Bruchstrich vergessen: das Eigelb. Und damit alles noch wirkungsvoller aussieht, besorgen Sie sich noch das besondere Knickebein-Glas: Es sieht aus wie eine Röhre mit einem kleinen Goldfischglas obenauf. Der Bruchstrich trennt beide Bereiche.

Pfefferminz-Frappé
Etwas für heiße Tage, denn es wird mit Eis gekühlt (= frapper). Ein schlankes hohes Glas wird mit fein zerstoßenem Eis und 5 cl Pfefferminzlikör gefüllt. Umrühren und einen Strohhalm dazu reichen.

Pillkaller
So hat sich Opa in Ostpreußen „besoape". Ursprünglich war es ein Glas Getreidekorn mit einer Scheibe Gutsleberwurst mit einem Klacks Mostrich (Senf). So trank man es damals, nicht nur in Pillkallen. Heute kennt man verschiedene Pillkaller, und Sie können sich natürlich selbst einen ausdenken. Wie wärs mit diesem: Ein kleines Kelchglas wird mit 2 cl Ihres Wacholdergeistes gefüllt und auf den Glasrand eine Scheibe Salami oder Gutsleberwurst, darauf vielleicht mal zur Abwechslung eine Olive. Sie müssen dann entscheiden: Erst essen, dann trinken oder umgekehrt.

Reminiszenzen
In eine Sektschale kommen 1 Eiswürfel und 5 cl Likör aus Ihrem Rumtopf; dann mit Sekt auffüllen. Besonders gut wird's mit 3 – 4 Früchten aus dem Topf.

Samtkragen
Angelehnt an die Mode von damals: heller Mantel mit braunem Samtkragen. Der Mantel ist ein Korn, Steinhäger oder Ihr Wacholdergeist. Auf diesen wird vorsichtig der Samtkragen aufgesetzt: Boonekamp oder Ihr Kräuter- oder Gewürzlikör. Wird oft zu einem Glas Bier, besonders zu obergärigem, gereicht.

shrubs
(im Deutschen: Sträucher) sind limonadeähnliche Mischgetränke, die stets einen kleinen Anteil von Likören haben und mit frischem Wasser aufgefüllt werden, im Gegensatz zu den „daisies".

Spurt
als Endspurt eines guten Essens. In einen Shaker 2 Eiswürfel, 1,5 cl Weinbrand, 1 cl Rum und jeweils 2 cl Kaffee- und Eierlikör. Gut durchschütteln und in ein Glas abseihen. Wer es mag, bekommt noch eine Prise gestoßene Muskatblüte obenauf.

Gebräunter Pfirsich
2 Eiswürfel, 1,5 cl Pfirsichlikör, 2 cl Kakaolikör und 1,5 cl Whisky in einem Shaker vermischen und in ein Glas abseihen.

Russischer Kaffee
In ein höheres Glas kommen 2 cl Kaffeelikör, 4 cl Wodka und 2 Eiswürfel. Umrühren und mit Strohhalm servieren. Je nach Geschmack noch ein Schlagsahnehäubchen.

Tutti-Frutti
Pro Glas kommen in einen Mixer 2 Aprikosen, 1 Eßlöffel Honig, ⅛ l Milch, 1 cl Kirschwasser. Das Gemisch wird dann in ein mit 1 Eßlöffel Rumfrüchte gefülltes großes, hohes Glas gegeben.

Violetta
als schmackhaftes „Dessert". Man gibt 2 Eiswürfel, 2 cl schwarzen Johannisbeerlikör, 2 cl süße Sahne und 4 cl Eierlikör in einen Shaker, mischt gut durch und seiht in ein Glas.

Waldduft
Es werden 2 Eiswürfel, 2 cl Himbeergeist, 1 cl Gin und 3 cl Brombeerlikör in ein hohes Glas gegeben, umgerührt und nicht nur eingeatmet.

Trink nicht,
als wär's ein Kinderspiel!
Der Weise schießt
nie übers Ziel,
Er trinkt bedächtig,
aber – viel.

Geister

1 Anis

Pimpinella anisum
im Volksmund: *Anais, Arnis, Brotsamen, Eins, Ems, Enis, runder Fenchel, süßer Kümmel, Taubenanis*

Anis – der Duft von tausendundeiner Nacht . . . Bevor der Anis im östlichen Mittelmeerraum (er wird dort zum ersten Mal vor 3500 Jahren erwähnt) eine neue Heimat fand, fühlte er sich im Vorderen Orient sicherlich ebenso wohl. Vor Jahrhunderten hat er im Reisegepäck von Mönchen auch den Weg in unsere Breitengrade gefunden. Aus seinen Doppelfrüchten wurde schon vor ungefähr 300 Jahren das ätherische Anisöl gewonnen und dem Kornbranntwein zugesetzt: eine Verordnung der Stadt Lippstadt aus dem Jahre 1668 besagt, daß für einen „Anyskessel" eine Fabrikationssteuer zu leisten sei. Leider gönnt man sich heutzutage bei uns kaum noch einen Anisschnaps; aber alle Griechenland-Freunde kennen Ouzo oder Matsika, deren Anisaroma so stark ist, daß man sich erst einmal kräftig eintrinken muß, um einen Unterschied festzustellen. Aber schon das einfache Ansetzen von Alkohol mit Anis ist ausreichend, um sich seine Heilkraft nutzbar zu machen: er wirkt schleimlösend bei Husten, krampflösend bei Magen- und Darmblähungen, reizmildernd und appetitanregend sowie verdauungsfördernd. Letzteres ließ es im Orient zum Brauch werden, nach dem Essen einige Aniskörner zu kauen. Auch die Römer beendeten eine Mahlzeit mit Anis in Form eines Kuchens. Damit auch wir uns nach einer besonders reichhaltigen Speise wohlig und zufrieden zurücklehnen können, sollte ein Anisschnaps zur Ausstattung unserer „Geisterecke" gehören. Verwendung finden die kleinen zweiteiligen, braungrauen Spaltfrüchtchen mit ihrem kräftig würzigen, nachhaltig süßlichen Geruch und Geschmack, die im Juli und August gesammelt werden.

Zubereitung

Wir füllen eine ¾ l Flasche zu einem Viertel mit Anissamen und gießen Korn auf. Drei bis vier Wochen fest verschlossen in der Wärme stehen lassen, abseihen, abfüllen und gut verkorken.

2 Bärenlauch

Allium ursinum
im Volksmund: *Bärlauch, Latschenknofel, Waldknoblauch, Zigeunerlauch*

Wenn Sie auf Ihrem Osterspaziergang das frische Grün der Wiesen und Wälder, das leuchtende Gelb der Himmelschlüsselchen und der ach so herrliche Duft der Frühlingsluft erfreut, so wundern Sie sich nicht, wenn Ihnen auf einmal ein gewisser Küchenduft entgegenströmt. Sicher stehen Sie vor oder mitten in einem feuchten Laubwald, dessen Boden, so weit das Auge reicht, von kleinen Pflanzen mit lanzettförmigen langgestielten Blättern bedeckt ist. Diese Blätter drängen sich durch ihr saftiges Grün und ihren intensiven Knoblauchgeruch auf. Bei einer Ihrer nächsten Wanderungen werden Sie dann die hübschen Blütendolden mit zahlreichen schneeweißen Blütensternen (ab Juni) entdecken. Sie pflücken und als Strauß mit nach Hause nehmen, heißt, den Knoblauchduft ins Wohnzimmer tragen. Aber nutzen Sie die Blätter ab April bis Mai, also vor der Blüte, entweder für einen Frühjahrsalat, als Schnittlauch zum Würzen oder aber zum Aufsetzen. Die Wirkungen des Bärenlauchs sind ähnlich wie die des Knoblauchs. Sein schwefelhaltiges ätherisches Öl hilft bei Verdauungsbeschwerden und Appetitlosigkeit; es wirkt leicht gefäßerweiternd und dient zur Unterstützung von Wurmkuren.

Zubereitung

Eine 0,7 l Flasche wird locker mit gewaschenen ganzen oder etwas klein geschnittenen Blättern des Bärlauchs gefüllt und mit Obstler übergossen. Für drei bis vier Wochen in die Wärme stellen und dann abgießen sowie abfüllen.

3 Berberitze

Berberis vulgaris
im Volksmund: *Beißbeere, Berbesbeere, Bersich, Dreidorn, Erbisch, Essigbeere, Essigdorn, Sauerdorn, Saurach, Sperberbeere, Weinnägelein, Weinschädling, Weinscharl, Zizerl*

Man kan sie im Herbst abnehmen, so sie zweymahl scharff bereift, und so man sie nicht abbricht, bleiben sie den Winter durch bis ins andere Jahr.

Es wird vermutet, daß der Name Berberitze von „Berberei" herrührt, der älteren Bezeichnung für das vor allem von Berbern bewohnte nordwestliche Afrika. Der Strauch aus der Familie der Sauerdorngewächse ist heute in Eurasien, Gesamtamerika und Nord- bis Südostafrika heimisch. Bei uns wird er wildwachsend an Zäunen, in Hecken und am Waldrand angetroffen; da die Berberitze Zwischenwirt eines Getreiderostpilzes, des Schwarzrosts, ist, wird sie von Landwirten nicht in Feldnähe geduldet. Die einfachen Blätter des bis zu drei Metern hohen Strauches sind an Langtrieben zu Dornen umgewandelt. Die Früchte enthalten viel Apfel-, Zitronen- und Weinsäure, und diese findet sich im Berberitzenschnaps wieder; er ist erfrischend und bekömmlich zugleich. Je weniger Sie davon trinken, um so besser ist es für den „Weinscharl-schnaps", denn je länger er lagert, desto überraschender sein Aroma. Im September bis Oktober angesetzt, wird er nach gutem alten Brauch erst am 23. April aus dem Gewölbe geholt und probiert. Verwendung finden die länglichen, fast eiförmigen, leuchtend roten Beeren, die in Trauben aus den Blattachseln hängen. Schmackhaft sind sie erst, wenn der erste Frost sie gestreift und ihre Säure gemildert hat.

Zubereitung

Eine Flasche wird zu dreiviertel mit vollreifen Früchten gefüllt und mit Obstler aufgegossen. So lange in der Sonne stehenlassen, bis der Alkohol die Beeren ihrer Farbe beraubt hat. Dann filtrieren.

4 Blutwurz

Potentilla erecta (tormentilla)
im Volksmund: *Fingerkraut, Rotwurz, Ruhrwurzel, Tormentillwurzel*

Als Blutwurz(el) werden heute Pflanzen bezeichnet, deren Wurzel rot ist bzw. beim Schneiden rot anläuft oder die in Zusammenhang mit dem Blut als Arznei dienen, beispielsweise die Nelkenwurz oder das Fingerkraut. Diese letztere Pflanze nannte man im Mittelalter „Tormentill" („Marterkraut"). Sie wurde in der Malerei wegen der blutroten Farbe des angeschnittenen Wurzelstocks in sinnbildlicher Weise dargestellt: als Symbol für den Opfertod Christi oder als Versinnbildlichung des Martyriums schlechthin.

Dieses „Aufrechte Fingerkraut", die bescheidenste Vertreterin aus der Familie der Rosengewächse, finden wir in Wäldern und Mooren. Seine Heilwirkung wird seit Jahrhunderten geschätzt. Die im Wurzelstock enthaltenen Gerbstoffe wirken adstringierend („zusammenziehend", bezogen auf Blutgefäße und Schleimhäute), blutstillend, durchfallhemmend, entzündungswidrig, antibakteriell. Täglich ein Schlückchen vom Blutwurzschnaps raten die Eingeweihten. Verwendung findet der Wurzelstock, den wir im Vorfrühling oder Spätherbst zu morgendlicher Stunde ausgraben. Wollen wir ihn für später trocknen, sollte dies rasch bei künstlicher Wärme oder an der Sonne geschehen.

Zubereitung

Eine 0,7 l Flasche zur Hälfte mit etwas zerkleinerten Wurzelstücken füllen und mit Korn oder Doppelkorn aufgießen. Die Flasche für etwa vier Wochen in die Wärme stellen. Kenner belassen die Wurzelstücke im Alkohol, sie filtrieren also nicht.

5 Brombeere

Rubus fruticosus
im Volksmund: *Bocksbeere, Brommelbeere, Hirschbollen, Koatzbeere, Kratzbeere, Mohrenbeere, Murbeere, Rahmbeere*

Die Brombeere (von althochdeutsch „bramo = Dornstrauch") gehört zur arten- und formenreichen Gattung *Rubus.* Hier einige interessante Beispiele: *Rubus loganobaccus,* die Loganbeere, entstand in Nordamerika aus der rubus ursinus, einer Wildform, durch Bastardierung mit der Himbeere. *Rubus caesius,* die Kratzbeere (Teufels-, Fuchs-, Vogel-, Hunds- oder Ackerbeere), wuchert beinahe als Unkraut und ist leicht an den bläulich bereiften Schößlingen und Sammelfrüchten zu erkennen. *Rubus fruticosus* ist die bei uns wildwachsende Brombeere an Waldrändern und Hecken, aber auch die Gartenbrombeere. Die Inkulturnahme von Wildarten erfolgte erst im 19. Jahrhundert. Die Bergbauern Südtirols, des Schwarzwaldes und vor allem der Schweiz greifen jedoch auf das Ur-Angebot im Wald zurück, denn nur dort gibt es die erforderliche Qualität, um eine Rarität unter den „gebrannten Wassern" zaubern zu können: einen Brombeergeist. Meist nur für den Eigenverbrauch gebrannt, gelangt er allenfalls auf direktem Weg zu seinen speziellen Liebhabern. Die Alkoholausbeute der Brombeere ist noch geringer als die der Himbeere, weshalb der Brombeergeist bei den Schweizern den Beinamen „Spécialité extra ordinaire" trägt. Er hat jedoch eine Konkurrenz. In finnischen, norwegischen und russischen Mooren wächst die Sumpfbrombeere oder auch Kranichbeere. Ein „scharfer Geist" steckt in ihr, das haben finnische Bauern entdeckt und ihn Naliwka oder Nalewka getauft; eine süße Variante ist der Nalewka-Likör. Gelassen trägt der Brombeergeist das Leid, der Herstellung seiner süßen Art zu dienen, des Blackberry Brandy. Ein Brandy, nicht zu verwechseln mit der englischen Bezeichnung für Branntwein, ist in Deutschland ein Fruchtsaft- oder Fruchtaromalikör, dessen Alkoholanteil zum gewissen Prozentsatz aus dem Obstbranntwein bestehen muß, der in seinem Namen enthalten ist: 5 l eines 40 Vol. %igen Obstbranntweines je 100 l Likör. Doch nun zu unserem Aufgesetzten.

Verwendung finden die von Juli bis Oktober zur Reife gelangenden, tief violett-schwarzen und glänzenden Früchte, die aus zahlreichen kugeligen Steinfrüchten zusammengesetzt sind. Sie enthalten das Provitamin A sowie die Vitamine B und C, Apfelsäure, Schleimsäure, Isozitronen-, Malon-, Bernstein-, Oxal- und Milchsäure, Pektin, Mineralstoffe und Zucker. Die Wirkung ist stärkend, aufbauend, die natürlichen Abwehrkräfte des Körpers steigernd. Die Früchte sind nicht nur hervorragend für Geister, Liköre und Branntweine geeignet, sondern helfen auch, die Farbe so manchen Weines zu verbessern. Die heilende Wirkung von Brombeerblättern – ihr Gerbstoff und ihre organischen Säuren wirken blutstillend und helfen bei Darmkatarrh und Durchfällen – ist schon seit der Antike bekannt und wurde in Form von Tee genutzt. Heute auch so als Erfrischungsgetränk, dargereicht mit Honig und (nicht nur der Dekoration wegen) Zitronenscheiben.

Zubereitung

Reife Früchte kommen je nach vorhandener Menge in eine Flasche und werden mit Schnaps (Obstler, Korn) angesetzt. Für zwei bis drei Wochen in die Sonne gestellt, lassen wir den Geist danach noch etwas im Dunkeln reifen. Es muß nicht filtriert werden, die Früchte können auch bis zum letzten Schluck in der Flasche verbleiben bzw. beim Trinken nebenher mitverzehrt werden.

6 Eberesche

Sorbus aucuparia
im Volksmund: *Atlasbeere, Drosselbeere, Elsbeere, Eschbeerbaum, Mehlbeere, Quitschen, Vogelbeere*

Was gut für die Vögel, hilft unserm Gedärm, ob Durchfall, Verstopfung, es hilft die Elsbeer.

Um einen Vogelbeergeist trinken zu können, muß man nicht unbedingt einen Urlaub in Südtirol, Oberbayern, Böhmen, Jugoslawien oder Polen planen. Sicher, aus Polen kommt der allerbeste, der „Jarcebiak", und in Jugoslawien sperrt man die „Geister" in alte Holzfässer, so daß sie einem Weinbrand immer ähnlicher werden. Aber wir finden überall bei uns an Wegrändern, auf Waldlichtungen, in Misch- und Bergwäldern oder auch in Gärten den bis zu 15 Meter hohen Ebereschen-Baum oder baumartige Sträucher. Ab September kann man die orange- bis korallroten kugeligen Beeren, die an Trugdolden sitzen, pflücken. Sucht man Beeren zum Einkochen, nimmt man die „sommerreifen" vor dem ersten Frost, für unseren Geist ernten wir die „süßreifen" nach dem ersten Frost. Dieser nimmt ihnen etwas von ihrer Bitterkeit, macht sie aber auch teigiger. Das gekochte Mus gab man früher gern als „Appetitmacher" (pro Tag 1 Teelöffel).

Zubereitung

Es wird eine Flasche randvoll mit „süßreifen" Vogelbeeren gefüllt und mit Obstler aufgegossen. An einem warmen Ort bleibt sie vier bis fünf Wochen stehen, wird öfter geschüttelt, dann abfiltriert. Wie alle Geister wird er mit zunehmendem Alter nur besser.

7 Heidelbeere

Vaccinium myrtillus
im Volksmund: *Besinge, Bickbeere, Blaubeere, Hasenbeere, Krähenauge, Mehlbeere, Mostbeere, Roßbeere, Schwarzbeere, Staudelbeere, Taubeere*

Fünf enge Verwandte repräsentieren bei uns eine weltweit etwa 400 Arten zählende Gattung von Heidekrautgewächsen, die eßbare Beerenfrüchte liefern: Großfrüchtige Moos- oder Krannbeere *(Vaccinium macrocarpon)*, Heidel- oder Blaubeere *(Vaccinium myrtillus)*, Moosbeere *(Vaccinium oxycoccos)*, Moorbeere *(Vaccinium uliginosum)* und Preisel- oder Kronsbeere *(Vaccinium vitis-idaea)*. Inzwischen kennt man bei uns auch schon eine kultivierte Gartenheidelbeere, ertragreich durch große Früchte, die aus der nordamerikanischen Art *Vaccinium corymbosum* gezogen wurde; ihr Anteil an Mineralstoffen und Vitamin C ist allerdings um vieles geringer.
Die blauschwarzen, mattierten Früchte unserer Heidel- und Blaubeere kann man ab Juli in lichten Wäldern, Mooren und Heiden pflücken. Für den Sammler ist es eine wahre Pracht, die großen „Blaubeerfelder" mitten im Wald, zum Beispiel im Schwarzwald oder im Bayerischen Wald, zu entdecken; in kurzer Zeit hat er seinen Korb gefüllt. Noch erfolgreicher ist man mit einem sogenannten Heidelbeer-Kamm. Er sieht aus wie eine Handschaufel, deren Stirnseite mit nebeneinanderstehenden dicken Drahtstiften wie ein Kamm ausgebildet ist. Damit fährt man durch die Stauden und streift die Beeren ab – zugegeben: nicht nur die Beeren. Diese fallen dann auf den Schaufelboden, der als Rost gearbeitet ist und durch den die mitgerafften Blätter durchfallen können. Im Bayrischen Wald nennt man diesen Kamm auch Raffel.
Die Heidelbeere hilft bei Magen- und Darmerkrankungen sowie Verdauungsstörungen. Doch sollten Sie nicht allzu oft – beispielsweise nach dem Essen – zu einem Glas Heidelbeergeist greifen; es könnte Ihnen sonst ergehen wie jener Gestalt Theodor Fontanes, die bekennen muß: „Ach, was ich alles gegessen hab', vor Trinken weiß ich's nicht."

Zubereitung

Breiten Sie die frisch gepflückten, reifen Beeren aus, um sie zwei Tage etwas trocknen zu lassen. Nun füllen Sie eine Flasche fast bis zum Rand mit Früchten und gießen mit Obstler auf. Wenigstens drei Wochen sollte der Aufgesetzte, zwischendurch geschüttelt, in der Sonne stehen, bevor er filtriert und abgefüllt wird. Je länger er lagert, desto besser wird er.

8 Himbeere

Rubus idaeus
im Volksmund: *Hohlbeere*

Nimm schöne, frische Hinbeere, wasche sie erstlich rein ab, daß nichts unreines dran sey, schütte sie alsdann in eine Flasche, geuß starken Brand-Wein drauf, thu etwas Zimmet und Würz-Nelken dazu, so ist es gut.

Die Himbeere ist eine direkte Verwandte der Brombeere und ebenso kostbar wie diese. Auch half sie, die Verwandtschaft zu vergrößern: an der Entstehung vieler Wildarten der Brombeere war sie maßgeblich beteiligt, was jedoch die Vorrangstellung ihrer so edlen und lieblichen Früchte nicht beeinträchtigt hat. Welche Rarität reines (d. h. nur aus Himbeeren gebranntes) Himbeerwasser darstellt, verdeutlicht die notwendige Materialmenge: 30 Pfund frische Früchte für eine Flasche. So erklärt sich nicht nur die Güte, sondern auch der Preis, der beim Himbeergeist (Mazeration mit anschließender Destillation) etwas geringer ist als beim Brombeergeist. In einem deutsch-französischen Abkommen von 1960 über den Schutz von Herkunftsangaben und Ursprungsbezeichnungen wurde dem Geist der Schwarzwälder Himbeere sogar zugestanden, den Namen „Schwarzwälder Himbeergeist" zu tragen, und zwar nicht als Gattungs-, sondern als Herkunftsbezeichnung, ähnlich wie „Cognac". Wie wär's nun mit einem eigenen Geist? Schon im Mittelalter wurde aus Himbeeren, Brombeeren und Maulbeeren ein berauschendes Getränk namens Moraz hergestellt. Verwendung finden die von Juli bis September zur Reife gelangenden Früchte, die aus zahlreichen verwachsenen kleinen Steinfrüchten bestehen. Sie enthalten das Provitamin A, die Vitamine B und C, Zitronen- und Ameisensäure, Zukker, Pektin, Mineralstoffe. Ihre Wirkung ist erfrischend, appetitanregend, aufbauend und stärkend, die getrockneten Beeren sind schweißtreibend.

Zubereitung

Vollreife Beeren werden mit Obstler oder Weinbrand aufgesetzt und für drei bis vier Wochen an einen warmen Ort gestellt, wobei die Flasche hin und wieder geschüttelt wird. Als Tüpfelchen auf dem i runden Sie mit einigen Gewürznelken und einem Stückchen Zimt ab. Sie können entweder filtrieren oder aber die Beeren beim Trinken verzehren.

9 Holunder

Sambucus nigra
im Volksmund: *Altholder, Bachholder, Eller, Ellhorn, Flieder, Holder, Holler, Pisseke, Schiebekenstrauch*

Ferner trifft man hin und wieder die Holunder-Beeren an. Solche wachsen meistenteils in den Gärten und Höfen auf dem Lande hinter den Häusern. Aus ihren Beeren wird ein Muß gesotten, welches nicht allein den Schweiß sehr treibet, sondern auch von den gemeinen Leuten unter das Pflaumen-Muß mit gemenget, und zu Tuncken, ingleichen auch auf Kuchen mit genommen wird.

Holderbusch ist das volkstümlichste Synonym für Holunder, und so taucht er in Märchen und Liedern auf: „. . . Sitzen unterm Holderbusch / Machen alle husch, husch, husch." Kinder pflücken die vielfruchtigen Dolden, die ja überall an Waldrändern, Gebüschen, Böschungen oder Feldhecken zu finden sind, auch viel lieber als Preißel- oder Brombeeren. Es ist ein Schnelles, die Dolden abzubrechen, in das Körbchen zu tun und nach Hause zu bringen. Leider war es nur früher usus, an jedem Haus einen Holunderbaum zu pflanzen. Aber zu jener Zeit diente er auch noch als Hausapotheke, da außer den Beeren auch Blüten, Blätter, Wurzel und Rinde heilkräfig sind. Bekannt ist der schweißtreibende Fliedertee der Blüten bei Erkältungen, fieberhaften Infektionen und Grippe. Auf dem Land wurde daraus auch eine aromatische Limonade zubereitet. Aus den Blüten, in Teig eingebacken, wird der bekannte Holunderkuchen gemacht; außerdem läßt sich aus ihnen ein wohlschmeckender Holundersekt „brauen" (siehe Vorwort). Aus den im September meist voll ausgereiften Früchten können Marmeladen, Sirup, Mus, Holundersuppe, Hollerwein, Likör oder auch ein Geist zubereitet werden. Die kleinen kugeligen, schwarz-glänzenden Steinfrüchte wirken antineuralgisch und vorbeugend gegen Erkältungskrankheiten. Aber bitte nicht roh genießen (siehe Holunderbeerenlikör).

Zubereitung

Man streift die Beeren von den Stielen ab (wobei die unreifen Früchte aussortiert werden), füllt sie in eine Flasche und gießt mit Obstler auf. Nach drei Wochen in der Sonne bei täglichem Schütteln und zwei Wochen Ruhezeit im Dunkeln wird der Schnaps abfiltriert.

10 Hopfen

Humulus lupulus
im Volksmund: *Bruchstrauch, Buschstrauch, Hoppe*

„Der Hopf is a Tropf!" Mit diesem Spruch aus Bayern hat es seine Bewandtnis. Die Hopfenzüchter klagen über die Unzuverlässigkeit der Hopfenqualität. Diese ist aber wichtig, um dem Bier die richtige Würze zu geben. Das weiß man spätestens seit 768; in diesem Jahr wurde der Hopfen als Bierwürze zum ersten Mal urkundlich erwähnt. Der herbe und bittere Geschmack und darüber hinaus die Verbesserung des Schaumhaltevermögens und die Haltbarkeit des Bieres sind auf die Hopfenbittersäure zurückzuführen, die in den kleinkörnigen, gelben Drüsen unter den Schuppen der zapfenartigen Scheinähren enthalten ist. Auch sorgen die Hopfenzüchter dafür, daß nur Hopfen-Damen Männerdurst löschen, und die sind halt ein wenig eigenwillig und besitzen ihre Besonderheiten. Inzwischen haben sich die Bauern in Bayern (Hallertau, Spalt), Württemberg (Tettnang), in der Rheinpfalz und in Böhmen wie auch in Belgien und Jugoslawien damit abgefunden. Im Hinblick auf unseren „Geist" braucht uns diese Problematik allerdings nicht zu beschäftigen. Wir suchen im August vor der Vollreife die Zapfen des Hopfens; wir finden ihn an Hecken, Zäunen oder Bäumen, die er malerisch umrankt. Allerdings kann sich das Sammeln zu einer Kletterpartie entwickeln, denn die Hopfenpflanze wird bis zu sieben Metern hoch.
Der würzige, bittere Hopfenschnaps ist magenberuhigend und appetitanregend. Hopfen kann aber nicht nur den Magen beruhigen, sondern wurde früher in Form eines Hopfenkissens als Schlafmittel bzw. Beruhigungsmittel angewendet. Diese, schon Griechen und Römern bekannte, Wirkung kann man auch mit einem Tee (3 Eßlöffel Zapfen auf 1 Tasse) erreichen. Da der Hopfen bei uns, außer als „Seele" des Bieres, ein recht Unbekannter ist, hier noch ein paar „Neuigkeiten": In Westfalen stellt man einen Sauermilchkäse her, der zwischen Hopfenlagen reifen muß; diesen Hopfenkäse, Nieheimer oder Westfälischer Kräuterkäse, sollten Sie kennenlernen. Dann gibt's noch die Hopfensprossen, die wie Spargel verzehrt werden. Schließlich etwas ganz Ungewöhnliches: Aus Hopfen-Reben wird neuerdings eine Faser gewonnen, die Hopfen-Wolle.

Zubereitung

Eine 0,7 l Flasche wird mit den frischen Hopfenblüten (Zapfen) zu einem Viertel gefüllt und mit Korn (oder auch Obstler) für drei Wochen angesetzt. Der angehende „Geist" fühlt sich in dieser Zeit in der Sonne am wohlsten und möchte auch öfter geschüttelt werden. Danach zwei Wochen in Ruhe in dunkler Abgeschiedenheit und Filtration.

11 Hundsrose

Rosa canina
im Volksmund: *Feldrose, Hagerose, Heckenrose, Heiderose, wilde Rose;*
Frucht: Hagebutte

Sind Sie „auf den Hund gekommen"? Dann brauchen Sie unbedingt eine Stärkung, und die bringt Ihnen kein Hund, sondern die Hundsrose – die Urpflanze unserer Gartenrose. Die Scheinfrüchte, nämlich die Apfelrosen, Hagebutten, Hahnebutten, Hambutten, Hiften oder auch Rosenäpfel, dieser oder auch anderer wildwachsender Rosenarten finden wir an Hainen, Waldrändern, Wegen und Zäunen. Ab August ernten wir die vollreifen, noch festen Sammelfrüchte mit oder ohne Samen (Nußfrüchtchen). Noch besser ist es, den ersten Frost abzuwarten, denn dieser macht die Früchte süßer und weicher. Man kann also mehrmals einen Hundsrosen-Schnaps ansetzen, die Hagebutten bleiben oft noch bis ins Frühjahr an den Sträuchern. Das Fruchtfleisch der Hagebutte ist reich an Vitamin A und C. Letzteres ist, man will es kaum glauben, zehn-bis dreißigmal höher vertreten als bei den so viel gelobten Orangen oder Zitronen. Wie heißt es doch so schön: Bleibe im Lande und nähre dich redlich!
(Psalm 37, 3).
Weiterhin sind Gerbstoffe und in den Kernen Öle, organische Säuren und Vitamin E enthalten. Diesen Stoffen verdanken wir die anregende und stärkende Wirkung, gut einzusetzen gegen Frühjahrsmüdigkeit.

Zubereitung

Wir zerteilen die Früchte und trennen die Kerne vom Fruchtfleisch; wir können die Kerne aber auch belassen, müssen dann allerdings abschließend gut filtrieren. Eine Flasche wird zur Hälfte oder dreiviertel gefüllt und mit klarem Schnaps aufgegossen. Zur geschmacklichen Abrundung können eine Handvoll Mehlbeeren (Früchte des Weißdorns) und ein Zweig Melisse hinzugefügt werden. Die – wie bei jedem Aufgesetzten – fest verschlossene Flasche stellen wir für 3 Wochen in die Wärme und schütteln sie ab und zu. Abfiltrieren und noch etwas lagern.

12 Johannisbeere

Ribes rubrum, Ribes nigrum
im Volksmund: *Krausbeeren, Ribiseln, Träuble (rote Johannisbeere); Ahlbeere, Bocksbeere, Cassisbeere, Gichtbeere, Wanzenbeere (schwarze Johannisbeere)*

Die Johannisbeere gehört zusammen mit der Stachelbeere zu den Steinbrechgewächsen. Ihr Name rührt daher, daß ihre Früchte um „Johanni" (24. Juni, Geburtsfest Johannes des Täufers) reifen. Nach Europa kam sie um 1600 von der griechischen Insel Zakynthos (italienisch Zante), und zwar zuerst nach England. Früher kannte man im Grunde nur die bereits seit dem 15. Jahrhundert als Kulturpflanze bekannte Ribes rubrum mit den entweder säuerlich erfrischend schmeckenden roten oder den milderen, weniger aromatischen weißen bis gelblichen Beeren. Inzwischen hat sich eine Vorliebe für die schwarze Johannisbeere herausgebildet, wahrscheinlich wegen ihres hohen Gehaltes an Vitamin C und anderer Faktoren. Sie wird wirksam eingesetzt gegen Gicht und Rheuma, besitzt harntreibende Stoffe, gilt als Lösungsmittel für Gallen- und Nierensteine, wirkt blutreinigend, steigert die Abwehrbereitschaft gegen Infektionskrankheiten und soll auch schon hilfreich bei Schlangen- und Hundebiß gewesen sein. Die tiefschwarzen Beeren, die vorn noch Reste des vertrockneten Blütenkelchs tragen, haben ein eigenartiges, strengwürziges Aroma, das natürlich nicht jedermanns Sache ist. Aber man kann sie zu wundervollen Dingen verarbeiten: zu Marmelade, Saft, Obstwein, Likör und Branntwein. Der aus schwarzen Johannisbeeren gebrannte Geist bildet die Grundlage für den Cassislikör. Woher sein Name rührt, ist fraglich; ein Zusammenhang mit dem kleinen Fischerhafen Cassis bei Marseille läßt sich kaum herstellen, da hier die schwarze Johannisbeere nicht vorkommt. Dagegen diente sie den Mönchen in der Gegend von Dijon zur Herstellung eines feurigen „Lebenswassers", des Eau-de-vie-de-cassis. Hier an der Côte-d'Or im nördlichen Burgund, der Heimat der besten Burgunderweine, haben die Cassisbeeren wohl das Optimum an Lebensraum gefunden: Boden-, Wasser- und auch die klimatischen Bedingungen scheinen auf sie zugeschnitten zu sein, so daß sie prächtig gedeihen. Das Geheimnis des aus ihnen gewonnenen Geistes beruht wohl nicht zuletzt auf den Johannisbeerblättern, die den Beeren vor der Destillation zugeführt werden.

Zubereitung

Die Beeren mittels einer Gabel von den Stielen trennen und eine Flasche zur Hälfte füllen, mit Obstler aufgießen, drei Wochen an einen warmen Ort stellen, ab und zu schütteln und schließlich abfiltrieren, dann noch etwas ruhen lassen.

13 Johanniskraut

Hypericum perforatum
im Volksmund: *Blutkraut, Färberkraut, Frauengliester, Hergotts Wundkraut, Hexenkraut, Hirschheu, Jägerteufel, Löcherkraut, Unserer Frau Bettstroh, Unserer lieben Frau Gras, Sonnwendkraut, Tüpfel-Hartheu, Waldhopf, Wilder Magram*

Die vielen und oft geheimnisvollen Bezeichnungen des Johanniskrauts deuten auf seine mannigfaltige Verwendung als Heilpflanze hin: es wirkt wundheilend, entzündungshemmend, kreislauftonisierend, beruhigend und nervenstärkend, ja selbst Depressionen werden behoben. Das Johanniskraut gehört im Volksbrauchtum zu den segenbringenden Pflanzen, die am 24. Juni, dem Johannistag, bzw. in der Nacht zuvor gesammelt werden. Es dient dem Fruchtbarkeitszauber und zur Abwehr von Teufeln und Hexen – die sich ihrerseits des Johanniskrauts bedienten. Die hohe Bedeutung, die dem Johannistag im Volksglauben zukommt, beruht weniger auf der Legende Johannes des Täufers (dessen Geburt ein halbes Jahr vor der Christi angesetzt wird), sondern auf der Tatsache, daß nach alter Auffassung der 24. Juni der Tag der Sonnenwende ist; ihr Fest wurde durch das Johannisfest gleichsam christianisiert. Von Juni bis August sammeln wir die gelben Blüten an trockenen Wegen und Waldrändern; beim Zerreiben färben sich die goldgelben Blütenblätter durch das in den schwarzen Punkten enthaltene „Johannesblut" rot.

Durch Ansetzen mit Kampferspiritus wird ein gutes Mittel zum Einreiben gewonnen, und zwar gegen Rheuma, Hexenschuß und bei Verrenkungen.

Zubereitung

Eine Flasche wird nahezu gänzlich mit Blüten gefüllt, die wir mit Korn (Doppelkorn) ansetzen. Zwei bis drei Wochen in die Wärme, jedoch nicht direkt in die Sonne stellen und täglich mehrmals schütteln, schließlich abfiltrieren; wie immer ist eine Lagerzeit von Vorteil.

14 Kamille

Matricaria chamomilla
im Volksmund: *Feldkamille, Garmille, Hermel(in), Laugenblume, Mägdeblume, Mutterkraut*

Die echte Kamille – als Arzneipflanze schon im griechischen und römischen Altertum hoch geschätzt – wird zu Recht auch Mutterkraut genannt. Mit allen körperlichen Sorgen kann man sich an sie wenden, und sie weiß immer Rat: bei akuten Magen- und Darmbeschwerden, bei Entzündungen, insbesondere der Schleimhäute, und bei schlecht heilenden Wunden, bei Entzündungen der Bronchien und Nasennebenhöhlen, bei neuralgischen und rheumatischen Schmerzen, Entzündungen von Mund und Rachen sowie bei Haarausfall. Ebenso mannigfaltig sind die Formen ihrer Verabreichung: äußerlich als Kompressen, durch Inhalieren, als Badezusatz, durch Spülungen und Einreibung sowie als Haarwasser. In der Volksheilkunde kennt man als innerliche Anwendung nur den Tee, ein Kamillengeist ist wohl nur echten Kräutermännlein oder auch -weiblein ein Begriff. Verwendet werden die zwischen Juni und August gesammelten Blütenköpfchen, deren Stiel aber nicht länger als 1 cm sein sollte. Verwechseln Sie die Echte Kamille nicht mit der äußerlich ähnlichen Hundskamille mit markig ausgefüllten Blütenköpfen. Sie besitzen keine Wirkstoffe. Während des Sammelns sollten Sie ein paar Blüten zwischen den Fingern zerreiben: der aromatische Duft wird Ihnen angenehm in der Nase hochsteigen. Wenn Sie diesen mögen, wird Ihnen auch der Geist zusagen.

Zubereitung

Eine Flasche wird zu dreiviertel mit Blütenköpfen gefüllt – mit frischen oder besser noch mit solchen, die zuvor ausgebreitet und einen Tag lang getrocknet worden sind. Mit Klarem aufgießen und für drei bis vier Wochen in die Sonne stellen. Beim Schütteln werden Sie feststellen, daß der Angesetzte nach und nach dunkler wird. Abfiltrieren und abfüllen.

15 Knoblauch

Allium sativum
im Volksmund: *Alterswurzel, Gruserich, Knobel, Knoblich, Knoflak, Knovel, Knubl, Knuglich, Lauchkraut, Magenwurzel, Stinkerzwiebel, Windwurzel*

Sie kennen zumindest vom Hörensagen die Sieben Weltwunder des Altertums, die unter anderen Antipatros von Sidon im 2. Jahrhundert v. Chr. in einem Epigramm genannt hat: die Hängenden Gärten der Semiramis in Babylon, den Artemistempel in Ephesos, das aus Gold und Elfenbein gebildete Standbild des Zeus in Olympia, das Grabmal des Mausolos (sein Name lebt im Wort Mausoleum fort) in Halikarnassos, den Helioskoloß auf Rhodos, den Leuchtturm auf der Insel Pharos und die Pyramiden von Giseh. An letzteren hat der Knoblauch, die in der innerasiatischen Dsungarei heimische Pflanze aus der Familie der Liliengewächse, gleichsam mitgebaut: Aus einer vor rund 4500 Jahren verfaßten Kostenaufstellung geht hervor, daß weder das Baumaterial noch die Löhne die höchsten Beträge verschlungen haben, sondern riesige Knoblauch- und Zwiebellieferungen, die aus den Anbaugebieten am Mittelmeer importiert wurden, um damit die am Pyramidenbau Beteiligten zu versorgen. Man kannte also schon damals die umfassende medizinische

Wirkung des Knoblauchs: er stärkt die Organe im Magen-Darm-Bereich sowie Leber, Galle, Nieren, Herz und Lunge; indem er die Blutgefäße erweitert, kann altersbedingten Krankheitserscheinungen vorgebeugt werden. Das im Knoblauch enthaltene ätherische Öl und Alliin haben stark antibiotischen Charakter: Es ist wissenschaftlich erwiesen, daß schon eine tausendfache Verdünnung das Wachstum verschiedener Bakterien hemmt. Bei uns wurde die Knoblauchzwiebel durch die Römer heimisch. Adamus Lonicerus lobt in seinem Kräuterbuch aus dem Jahr 1679 mit folgenden Worten: „Knoblauch benimmt und vertreibt die Geschwulst im Leib, erweichet die Geschwer, ...Trücknet auch deß Magens Feuchtigkeiten auß". An anderer Stelle: „Knoblauchs Geruch vertreibt allerhand gifftige Thier". Hier liegt wohl die Erklärung für den legendären Knoblauch-Schutz gegen blutsaugende Vampire. Tatsächlich hilft Knoblauch, mäßig aber regelmäßig gegessen, gegen blutsaugende Insekten. Für den typischen Knoblauchgeruch ist das Diallyldisulfid verantwortlich. Übrigens: einige Knoblauchzwiebeln zwischen Erdbeerpflanzen erhöhen das Erdbeeraroma und halten Schädlinge fern! Aufgrund seines Geruchs ist der Knoblauchgeist eigentlich etwas für Einsame. Aber auch für Zweisame, wenn beide einen Schluck nehmen und anderen nicht unter die Augen treten.

Zubereitung

Drücken Sie mit dem Messer die Zehen einer kräftigen Zwiebel (möglichst mit Schalen, die rötlich schimmern, was von besserer Qualität zeugt) platt; auf diese Weise können Sie die Schalen bequem entfernen und Ihre Finger „duften" weniger stark. Die gequetschten Zehen geben Sie in eine Flasche (in manchen Gegenden werden auch noch Zwiebelstückchen bzw. -ringe hinzugefügt) und füllen mit Schnaps auf. Täglich schütteln und drei bis vier Wochen in der Wärme stehen lassen, dann abfiltrieren.

16 Kümmel

Carum Carvi (Echter Kümmel)
im Volksmund: *Garbe, Karbe, Karbey, Karwe, Kimm, Köhm, Köhr, Kümich, Kümmich, Wiesenkümmel*

„Einen kümmeln" heißt heute allgemein „Alkohol trinken", während ursprünglich speziell der Genuß von Kümmelschnaps gemeint war; er gehört zu den Geistern, die es in sich haben. In Deutschland kennt man den Köm (Platt für „Kümmel"), ein einfacher Branntwein mit kräftigem Kümmelgeschmack. Dann natürlich den Aquavit, ein ehemals dänischer Branntwein, den man bis ins 16. Jahrhundert zurückverfolgen kann. Abgeleitet ist seine Bezeichnung vom lateinischen „aqua vitae" („Wasser des Lebens"), was dem französischen „eau-de-vie" entspricht. Er wird als sehr edel eingestuft (die Dänen vergleichen ihn wie folgt: rein wie die Jungfrau, stark wie ihr Freier, so heiß wie das Herdfeuer des zukünftigen Paares und so kalt wie ein Gebirgsquell); man hat sogar eine spezielle Form des Trinkglases für ihn kreiert. Der Bommerlunder aus Flensburg ist seit dem 18. Jahrhundert bekannt; aus deutschen Landen kommt ferner der Malteser, der ursprünglich nicht von der Wasserkante stammt, sondern dem ein Berliner Rezept zugrunde liegt. Dann gibt es noch aus Dänemark den „Aalborg", aus Norwegen den „Äquator-Aquavit", „Gammelreserve" und „Simers Taffel" sowie aus Schweden „Ökakra Taffel". Bei so vielen wohlklingenden Namen könnte man meinen, der Kümmel sei etwas ganz Außergewöhnliches. Dabei gibt er sich eher bescheiden. Er wächst auf trockenem Wiesenland, auf Weiden und an Ackerrainen und besitzt appetitfördernde, steinlösende, harntreibende, verdauungsfördernde und krampfstillende Wirkung, sowie diese: „Bei Kümmelbrot und Kalmusstengel gedeiht der dümmste aller Bengel".
Auf die geringe Größe der Körner spielt die Bezeichnung „Kümmelspalter" für einen kleinlichen, geizigen Menschen an: er gleicht einem Kaufmann, der beim Verkauf von Kümmel die kleinen, länglichen Samen lieber halbiert, ehe er ein Milligramm zugibt. Als „Kümmeltürke" wird ein langweiliger Mensch beschimpft. Ursprünglich ist er ein aus der für ihren Kümmelanbau bekannten Umgebung von Halle stammender Student.

Zubereitung

Sie ernten die Kümmeldolden noch vor der vollen Reife im Juni/Juli und trocknen sie zu Hause auf einem Tuch, um die Samen nicht zu verlieren. Dann werden die Körner von den Dolden gestreift und eine Flasche zu einem Viertel damit gefüllt. Mit Korn (Doppelkorn) aufgießen und vier Wochen in der Wärme stehen lassen. Wollen Sie es besonders gut machen, zerkleinern Sie die Samen vor dem Einfüllen mit einem Mörser. Sie vergessen auch das tägliche Schütteln nicht und lassen Ihren „Kümmel" nach dem Filtrieren noch etwas ruhen.

17 Latschen-kiefer

Pinus mugo var. pumilio
im Volksmund: *Bergföhre, Knieholz, Krummholz, Legföhre*
Die Latschenkiefer aus der Familie der Pinazeen ist eine zweinadelige Bergkiefer an den Steilhängen und in den Krummholzzonen Mittel- und Südeuropas bis hin zu den Karpaten. Ein typischer Baum kühlerer Regionen, schmiegt er sich buschig, niederliegend, knieförmig an die Fels- oder Erdformation. In der Heilkunde ist er bekannt geworden durch das aus seinen Nadeln und Tannenspitzen gewonnene Latschenkieferöl. Es wird als Inhalationsmittel bei Erkrankungen der Atemwege oder für medizinische Bäder verwendet; auch bei nervösen Zuständen, schwachem Kreislauf und allgemeiner Schwäche. Bei diesen drei Beschwernissen können wir auch mit unserem (vielfach irreführend als „Tannenzapfen-Geist" bezeichneten) Aufgesetzten Abhilfe schaffen.

Zubereitung

Wir sammeln zehn noch grüne Zapfen, zerkleinern sie etwas, geben sie mit einigen Nadelspitzen in eine Flasche und übergießen mit Korn. Die Flasche muß sechs bis sieben Wochen an einem warmen Ort stehen. Dann filtrieren und den Geist noch etwas „wachsen" lassen.

18 Linde(nblüte)

Tilia platyphyllos (Sommerlinde)
im Volksmund: *Bastbaum, Dorflinde, Frühlinde, Wasserlinde*

Die Linde, der deutsche Hausbaum! In einer älteren Ausgabe des „Schmeil" findet sich die folgende kurze Erklärung: „Der schnelle Wuchs, das ehrwürdige Alter, die gewaltige Höhe, die dichte Krone, das zarte Laub, die duftenden Blüten haben die Linde zu unserem Lieblingsbaum werden lassen."

In Heinrich Heines Zyklus „Neuer Frühling" (in „Neue Gedichte", 1844) schwärmt die Geliebte:

„Mondscheintrunkene Lindenblüten
Sie ergießen ihre Düfte,
Und von Nachtigallenliedern
Sind erfüllet Laub und Lüfte.

Lieblich läßt es sich, Geliebter,
Unter dieser Linde sitzen,
Wenn die goldnen Mondeslichter
Durch des Baumes Blätter blitzen.

Sieh dies Lindenblatt! du wirst es
Wie ein Herz gestaltet finden;
Darum sitzen die Verliebten
Auch am liebsten unter Linden . . ."

Zwei Arten sind in unseren Breiten heimisch: die Winter- oder Steinlinde (Tilia cordata) und die Sommerlinde (Tilia platyphyllos). Letztere wurde bevorzugt als „Dorflinde" gepflanzt; unter ihr traf man sich zu Spiel und Tanz oder hielt Gericht, denn ihr wurden neben den heilenden auch weissagende Kräfte zugesagt. Die Blüten wirken als Tee schweißtreibend und leicht abführend, abwehraktivierend, erkältungswidrig; sie fördern die Gallensekretion und helfen daher bei Magenkrämpfen. Die Rinde dient als Aufguß zur Behandlung von Wunden und Geschwüren. Das weiche Holz eignet sich u. a. zur Bildschnitzerei (daher die Bezeichnung „Heiligenholz"). Linden-Holzkohle dient als Zeichenkohle und zu medizinischen Zwecken.

Für unseren Tropfen benötigen wir die „Blüten"; der Volksmund meint damit den gesamten Blütenstand samt Hochblatt, das den reifen „Lindennüßchen" später als Flugmittel dient. Die mit dem Flugblatt verwachsenen Trugdolden aus zwei bis fünf gelblichen Blüten werden im Juni/Juli bei trockenem Wetter ein bis vier Tage nach dem Aufblühen gepflückt.

Zubereitung

Eine Flasche wird zur Hälfte mit Blütenständen gefüllt; Schnaps aufgießen, verkorken und an einem warmen, aber dunklen Ort täglich schütteln. Nach vier Wochen wird abfiltriert.

19 Pfeffer-minze

Mentha piperita
im Volksmund: *Aderminze, Balsam, Edelminze, Englische Minze, Gartenminze, Oderminze, Peperminte, Schmeckerts, Teeminze*

Folgen wir Paracelsus („Alle Wiesen und Matten, alle Berge und Bühel . . . Apotheken sind") und suchen an Gräben und feuchten Stellen oder im eigenen Garten nach Pfefferminze, um uns ihre Heilwirkung nutzbar zu machen. Das Menthol der Pfefferminze wirkt krampflösend, schmerzstillend, entzündungshemmend, appetitanregend und abführend. Pfefferminze hilft bei Magen-Darm-Katarrh, Brechdurchfall, Koliken, Menstruationsbeschwerden. Außerdem ist sie kreislauftonisierend. In der englischen Küche ist die bei uns kultivierte Pfefferminze (Mint) wohl deshalb ein so beliebtes Küchenkraut (z. B. zum Hammelbraten), weil ihre Geschichte Ende des 17. Jahrhunderts in England begann. Dort wurde die „Grüne Minze" angepflanzt, die sich mit einer nahen Verwandten, der „Wasser-Minze" kreuzte, die auch bei uns an Ufern und Gräben häufig anzutreffen ist. Die daraus entstandene Tochter erwies sich als besonders aromatisch und setzte sich aus diesem einfachen Grund durch. Für unseren „Pfefferminzgeist" verwenden wir die Echte Pfefferminze.

Die Pflanze wird bis zu 80 cm hoch, ihr Stengel ist vierkantig und verzweigt; die lilafarbenen Blütenähren sind von Juni bis zum August anzutreffen. Unser Sammelgut sind die gegenständigen, gesägten, länglich herzförmigen bis rundlichen Blätter mit ihrem aromatischen Duft. Wir pflücken sie vor der Blüte oder im Herbst und verwenden sie frisch oder getrocknet.

Zubereitung

Eine Flasche nahezu gänzlich mit frischen oder getrockneten Pfefferminzblättern locker füllen und Obstler aufgießen.
Acht bis zehn Tage an einem warmen Ort stehen lassen und filtrieren.

20 Pfirsich

Prunus persica
im Volksmund: *Perzikaden*

Der „Persische Apfel" asiatischer Herkunft wurde im 18. Jahrhundert von den Engländern „entdeckt" und gehört heute auch bei uns zu den Frühlingsboten. Die tiefgefurchten Steine enthalten einen Samenkern, dessen Öl als Ersatz für Mandelöl verwendet wird.
Pfirsichbrände, sanfter als Aprikosenbrände, werden hauptsächlich in Ungarn hergestellt. Dort trinken Bauern und Hirten bei der Einkehr in ihre Csárdá, die Schänke in der Pußta, ihren „Gulyas" oder „Öszi-Barack" – zwei mild-aromatische Geister für harte Männer. Überraschend ist vielleicht, daß um Kapstadt nicht nur Wein angebaut wird, sondern daß hier auch ein Pfirsichgeist gebrannt wird, der „Whitblits", zu deutsch „Weißblitz".

Zubereitung

Man füllt eine Flasche zur Hälfte mit zerkleinerten Früchten und gibt ein bis zwei zerschlagene Pfirsichsteine hinzu, um dem Ganzen ein zartes Mandelaroma zu verleihen. Es wird mit Obstler aufgegossen; die Flasche zehn bis zwölf Tage in die Sonne stellen, dann abfiltrieren.

21 Preiselbeere

Vaccinium vitis-idaea
im Volksmund: *Bernitschke, Fuchsbeere, Granbeere, Grandel, Grangen, Granten, Kronsbeere, Preißel, Riffelbeere, rote Heidelbeere, Steinbeere*

„Vitis-idaea" („Rebe vom Berg Ida") war im 16. Jahrhundert ein gebräuchlicher Name für alle Vaccinium-Arten. Erst der schwedische Naturforscher Carl von Linné legte um 1753 die Bezeichnung „Vaccinium vitis-idaea" speziell für die Preiselbeere fest. Wie die Blau- und Heidelbeere gehört sie zu den Heidekrautgewächsen und ist im Norden Europas, in Asien und Nordamerika anzutreffen. Sie bevorzugt Kiefernwälder, Heide und Moore. Die besten Preiselbeeren liefert Schweden. Als Sammelgut dienen uns die vielsamigen, harten, innen weißen und außen roten Beeren mit ihrem säuerlich-herben, aromatischen Geschmack; sie reifen von August bis Oktober. Die Früchte enthalten als Wirkstoff organische Säuren, Gerbstoff, reichlich Pektin, Provitamin A, Vitamin B und Mineralstoffe. Sie wirken anregend auf die Magensaftsektion; das Pektin senkt den Cholesterinspiegel und hilf somit auch gegen Arteriosklerose.
Vor allem in Norddeutschland wächst eine Schwesternart, die Moosbeere, auch Fenn- oder Filzbeere genannt, mit fast kirschgroßen roten Beeren. Auch diese können wir gut verwerten.

Zubereitung

Wir füllen eine Flasche bis zu dreiviertel mit reifen Beeren und gießen mit Obstler auf. Zehn bis vierzehn Tage in die Sonne gestellt, täglich geschüttelt und dann abfiltriert, gönnen wir dem Aufgesetzten noch eine längere Ruhezeit. Sollte er Ihnen zu herb sein, geben Sie etwas Zucker hinzu. Das kann auch im nachhinein geschehen, wobei kräftig geschüttelt werden muß, bis der Zucker gelöst ist; gut geeignet ist weißer Kandis.

22 Salbei

Salvia officinalis
im Volksmund: *Edelsalbei, Fischsalbei, Gartensalbei, Königssalbei, Kreuzsalbei, Muskatellerkraut, Salfat, Salser, Sophie*

Das seit dem frühen Mittelalter bekannte und mit vielerlei Lob bedachte Gewürz wird durch seine lateinische Bezeichnung als Heilpflanze schlechthin charakterisiert: „salvia" kommt von „salvare = heilen", und „officinalis" heißt soviel wie „arzneilich, als Heilpflanze anerkannt". Schon Walahfried Strabo („der Schieler"), ein Mönch und ab 838 Abt auf der Insel Reichenau, würdigt den Salbei in seinem Gartenbaugedicht „Hortulus". Hildegard von Bingen (1098 – 1179), die herausragende Gestalt der deutschen Mystik und Äbtissin des von ihr gegründeten Klosters Rupertsberg bei Bingen, verfaßte neben visionären Schriften auch eine Arzneikunde („Physica") und eine Art Krankheitslehre mit dem Titel „Causae et curae". Hildegard empfiehlt: „Wer an starker Verschleimung und stinkendem Atem leidet, soll Salbei in Wein kochen und öfter trinken. Gegen Appetitlosigkeit dient eine Würze aus Salbei, Kerbel und Zwiebel in Essig." Ein Zeugnis allerhöchster Einschätzung des Salbeis stammt aus Salerno, dem Sitz der ältesten medizinischen Fakultät in Europa. Das um 1100 entstandene „Regimen sanitatis Salerni" enthält die Frage: „Warum stirbt ein Mensch, dem Salbei im Garten wächst?" Hieronymus Bock (1498 – 1554) schreibt in seinem „New Kreuterbuch vom Unterscheidt, Wirkung und Namen der Kreuter so in Teutschen Landen wachsen" über den Salbei: „. . . wann sie morgens nüchtern drei spitz Salbeyblätlein mit saltz essen/sie seien den selben Tag vor Gifft und bösem Lufft behütet." Von Sebastian Kneipp (1821 – 1897) erfahren wir: „Salbei, den man wie Thee in Wasser und Wein absiedet und trinkt, reinigt Leber und Nieren". Auch Schriftsteller, die sich weniger mit Fragen der Gesundheit beschäftigt haben, erwähnen den Salbei. Giovanni Boccaccio (1313 – 1375) läßt im „Dekameron" in der siebten Novelle des vierten Tages Pasquino der Geliebten Simona den Gebrauch von Salbei als bestes Zahnreinigungsmittel erklären. Als Sammelgut dienen die Blätter vor und nach der Blüte, das heißt im Mai/Juni und August/September. Da das Sonnenlicht die (photosynthetische) Produktion des heilkräftigen ätherischen Öles der Salbeiblätter verstärkt – es geht über Nacht zurück –, ist eine Ernte spät nachmittags an einem wolkenlosen Sommertag zu empfehlen. Eines ist noch zu beachten: eine Wildform des Echten Salbeis ist bei uns kaum anzutreffen; deshalb keine Verwechslung mit dem Wiesen- oder auch Muskateller-Salbei, dessen Heilwirkung und Aroma viel geringer sind. Ein Anbau im Garten oder auch auf dem Balkon ist deshalb lohnend. Die kleinen blauen Blüten sehen reizvoll aus, und wir machen auch Hummeln und Bienen eine große Freude.

Zubereitung

Eine 0,7 l Flasche wird zur Hälfte mit frischen Salbeiblättern gefüllt. Haben Sie auch Basilikum und Thymian im Garten? Dann geben Sie auch hiervon je eine Zweigspitze mit hinein sowie ein Stückchen Zitronenschale. Mit Obstler füllen Sie die Flasche auf, stellen diese drei bis vier Wochen an einen warmen Ort, schütteln täglich; dann wird abfiltriert.

23 Sanddorn

Hippophaë rhamnoides
im Volksmund: *Fasanbeere, Feuerdorn, Haffdorn, Meerdorn, Sandbeere, Sandkreuzdorn, Seebeere, Seedorn, Strandbeere, Stranddorn, Weidendorn*

Der „Gemeine Sanddorn" wächst als Strauch oder Bäumchen an Meeresküsten oder Flußufern. Heute dient er zur Befestigung von Straßenböschungen oder zur Dünenbefestigung. Ursprünglich aus Asien stammend, ist der Sanddorn schon seit Jahrhunderten bei uns in Europa heimisch. Dennoch wurde er erst „aus Not am Mann" im Zweiten Weltkrieg als starker Vitamin C- und Carotin-Träger bekannt. Zwischen schmalen, unten silbergrauen Blättern, eng am Ast liegend, findet man ab September (am besten nach dem ersten Frost) nur an den weiblichen Pflanzen die säuerlich schmeckenden gelbroten Scheinbeeren mit nußartiger Innenfrucht. Übrigens ist es für die Fasanen ein Hochgenuß, Sanddornbeeren im Futter vorzufinden.

Zubereitung

Wir setzen die Früchte in einer fast gefüllten Flasche mit Obstler an und stellen diese für vier Wochen in die Sonne, wobei wir öfter schütteln. Dann filtrieren und noch etwas ruhen lassen.

24 Schlehe

Prunus spinosa
im Volksmund: *Dornschlehe, Haferschlehe, Schlehdorn, Schlienchen, Schwarzdorn*

Ab April können wir an Hecken, in Feldgehölzen und an Waldrändern den meist über und über mit kleinen weißen Blüten besetzten Schlehdorn sehen, und wir sollten uns diese Stellen bis zum späten Herbst merken. Mit den Blüten verbindet sich eine alte Bauernregel: Wenn die Schlehen blühen, setzen die Eisheiligen ein. Das sind die gestrengen Herren Pankratius, Servatius und Bonifatius vom 12. bis 14. Mai, und mancherorts kommen am 11. und 15. Mai noch Mamertus und die kalte „Sophie" hinzu. In Mitteleuropa bringen diese Tage häufig Kälterückschläge. Im Herbst gibt es dann die Regel: Wenn der Herbst kalt wird, müssen aufgesetzte Schlehen gebrannt werden. Da wir unseren Geist auf dem Wege der Mazeration gewinnen, sind wir davon unabhängig und warten bis nach dem ersten Frost. Dieser hat dann in der sehr herben Steinfrucht den Gerbstoffgehalt gesenkt, und das Aroma kristallisiert sich heraus: ein Geschmack nach Bittermandel, Pflaume oder auch Kirsche. Ein eigenartiges Aroma, eben das einer Wildfrucht. Das Wort „Schleh" bedeutet auch „matt und stumpf an den Gaumen kommend". Schon im Mittelalter stellte man ein „slehen-wazzer" her, das bei Blähungen, Verstopfungen, Erkrankungen der Luft- und Harnwege, äußerlich bei Mund- und Zahngeschwüren hilfreich sein kann.

Zubereitung

Die reifen Steinfrüchte werden entweder im Backofen etwas getrocknet, zerstoßen, so daß sie aufspringen oder gleich eingeritzt und in eine Flasche gefüllt, diese randvoll mit Wacholderschnaps übergossen. Fünf bis sechs Wochen an einem warmen Ort mazerieren lassen, dabei öfter schütteln und dann filtrieren, am besten nach einem Jahr: je älter unser Geist, desto besser.

25 Schlüsselblume

Primula veris, Primula elatior
im Volksmund: *Auswärtsblümchen, Burgerschlüssel, Duftende* oder *Wiesen-Schlüsselblume, Echte Primel, Frauenschlüssel, Gelbe Zeitlose, Gelbsuchtblume, Gichtblume, Hill, Himmelsschlüssel, Kuckucksblume, Mundfäulkraut, Osterblume, Peterskraut, Petrusschlüssel, Schlagkraut, St. Petersschlüssel, Wiesenprimel*

Warum das Blümchen den Namen „Schlüsselblume" erhalten hat, ist nicht ganz klar. Entweder weil die Gestalt des Blütenstandes schlüsselbundähnlich ist, oder weil das Doldenprofil wie ein Schlüsselbart aussieht. Unser Frühlingserstling („Primula veris") trägt auch die Bezeichnung „officinalis = offizinell", das heißt, „arzneilich, als Heilpflanze anerkannt". Zu unterscheiden ist die auf trockenen Wiesen und Wegrändern wachsende Primula veris mit dottergelben Blütendolden von der eher feuchte Matten und Waldränder liebenden Schlüsselblume Primula elatior mit fast geruchlosen, schwefel- bis blaßgelben Blüten auf höherem Blütenstiel. Gilt nur Primula veris als offizinell, so liefern doch beide Arten aufgrund ihres Saponingehaltes schleimlösende Mittel, die noch heute bei Erkrankungen der Atemwege angewendet werden. Kennt man heute nur Schlüsselblumentee, so diente im vorigen Jahrhundert die Echte Primel auch als Schönheitsmittel: zum Entfernen von Sommersprossen, Mitessern und Runzeln. Wie der Beiname „Schlagkraut" besagt, wurde sie sogar zur Heilung von Schlaganfällen oder Lähmungen eingesetzt. Da die Pflanze zum Teil unter Naturschutz steht, das heißt: ihre Wurzel darf nicht herausgerissen werden, kann man sich deren Heilwirkung nicht mehr zunutze machen. Also Vorsicht auch beim Pflücken der Blütenköpfe – nicht zu stark an der Pflanze reißen!

Zubereitung

Zwei Handvoll Blütenköpfchen, die wir zwischen März und Mai pflücken, geben wir in eine Flasche und gießen mit Klarem auf. Zehn Tage an einem warmen Ort ziehen lassen, öfter mal schütteln und dann filtrieren. Wenn Sie ihn dann noch zwei bis drei Monate lagern, können Sie mit dem Resultat zufrieden sein.

26 Wacholder

Juniperus communis
im Volksmund: *Feuerbaum, Gemeiner- oder Heide-Wacholder, Hollerstrauch(!), Kaddik, Krammets- oder Kronawitterstrauch, Kranewitbaum, Machandel, Räucherstrauch, Weckhalter, Weihrauchbaum*

Schon 1630 weiß Hieronymus Bock über die Vergärung der Wacholderbeeren mit Wasser zu berichten. Auch erzählt der Volksmund, daß Schäfer die Heilwirkung der Wacholderbeeren an ihren kranken Tieren beobachtet haben. So haben wir heute den Nutzen, zum Beispiel in Form von Steinhäger, dem deutschen Wacholderschnaps. Aber auch wir mußten erst lernen: Aus den von Herzog Alba unterworfenen Niederlanden entflohen im 16. Jahrhundert die Flamen in die Mark Brandenburg. Als Dank für die Aufnahme brachten sie ihrer neuen Heimat die Kunst des Kornbrennens respektive des Wacholder-Brennens bei. Speziell im westfälischen, im 17. Jahrhundert preußischen Steinhagen bei Bielefeld war man damit beschäftigt, den Wacholder zu vergeistern. 1688 erlaubte der Große Kurfürst sogar, den Wacholderbranntwein auch zu vertreiben. Er dachte wohl in erster Linie an die Steuereinnahmen. Der aus Steinhagen erwies sich als etwas Besonderes. Für ihn wird zuerst aus vergorenen Wacholderbeeren ein Rauhbrand „Lutter" (steht in keiner Beziehung zum „Lutter-Tranck") hergestellt, der dann mit Korn und Wasser gemischt und anschließend destilliert wird. Aus Steinhagens Wacholderbranntwein wurde der „Steinhäger" – eine Herkunftsbezeichnung, die besagt, daß der echte eben nur aus Steinhagen kommen darf. Auch der Gin, ursprünglich aus Irland, ist ein Wacholderbranntwein. Und kennen Sie „Machandel" – der Name klingt nach Sagen und Märchen. Einst so beliebt wie „Danziger Goldwasser", ist er heute fast nur noch eine Reminiszenz gebürtiger Ostpreußen, die bei diesem Wort an ihre Heimat, an Seen, Heide und Moore denken. Dort wuchsen die Machandelbäumchen, und jeder Bauer brannte seinen „Machandel" selbst aus Korn, Kartoffeln und Wacholder. Man besaß auch eine landesübliche Trinkgewohnheit: Es wurden Backpflaumen in den Wacholderschnaps gegeben, die sich vollsaugten und dann in geselliger Runde genüßlich aus dem Gläschen gelöffelt wurden.
Als Sammelgut dienen uns die reifen, blauschwarzen Wacholderfrüchte, die im September/Oktober geerntet werden. Biologisch betrachtet handelt es sich nicht um Beeren; vielmehr sind die blauschwarzen bereiften Kügelchen speziell gebaute Zapfen („Scheinbeeren", „Beerenzapfen"). Ihr Fruchtfleisch enthält ätherisches Öl, Invertzucker, organische Säuren, Harze, Gerb- und Bitterstoffe; die Wirkung ist harntreibend und appetitanregend.

Zubereitung

Die reifen Früchte werden zwei Tage im Schatten angetrocknet, dann im Mörser etwas zerstoßen und in eine Flasche gegeben, die bis zu einviertel gefüllt wird. Um den Wacholdergeschmack zu mildern, können Zitronenschale, Koriander, Hopfenblüten oder auch Kümmel (davon aber sehr wenig) hinzugefügt werden. Mit Korn aufgießen und drei Wochen lang bei täglichem Schütteln an einem warmen Ort ziehen lassen. Nach der Filtration mindestens zwei Monate ruhen lassen.

27 Walderdbeere

Fragaria vesca
im Volksmund: *Besingkraut, Darmkraut, Flohbeere, Hafelsbeere*

Diese scharlachrote, duftende Erdbeere ist wie die Hagebutte eine Schein- und Sammelfrucht, auf der die eigentlichen Früchte in Form kleiner Nüßchen sitzen. Die Pflanze, eine kleine Rosettenstaude, vermehrt sich selbst durch oberirdisch-kriechende Ausläufer, die oft fälschlicherweise als „Ranken" bezeichnet werden. Vögel oder Ameisen sorgen für die Samenverteilung und somit auch für die Vermehrung. Und von diesen hocharomatischen Früchtchen kann es nicht genug geben. Je nach Reife findet man die Walderdbeere von Juni bis August in lichten Wäldern, an Waldrändern, Böschungen und auch auf Waldwiesen. Sie ist außer in Europa auch in Teilen Asiens und in Nordost- und Nordamerika und seit geraumer Zeit auch in Südamerika anzutreffen, denn hier ist der, vermutlich durch die Portugiesen vermittelte, Erdbeergeist sehr beliebt.
Aufgrund ihres Zucker-, Pektin-, Vitamin-C-Gehaltes und ihrer organischen Säuren wirkt die Erdbeere stärkend und regenerierend bei Blutarmut und Energiemangel. Dies rühmten schon Pflanzenheilkundige des 16./17. Jahrhunderts. Weiterhin wird die Funktion von Leber und Galle positiv beeinflußt, und das wiederum war schon im Altertum bekannt. So wurde lange Zeit nur die Frucht geschätzt. Inzwischen kennt man auch die adstringierenden, harntreibenden Wirkungen der Blätter aufgrund des Gerbstoffes und ätherischen Öles.

Zubereitung

Die im Mai/Juni gesammelten Früchte werden im Schatten angetrocknet, in eine Flasche gefüllt und mit Obstler – besser noch mit Weinbrand oder Rum – übergossen und für drei bis vier Wochen an einen warmen Ort gestellt. Es kann filtriert werden, oder aber die Beeren werden mit ihrem Geist verzehrt.

28 Walnuß

Juglans regia
im Volksmund: *Steinnuß, Welschnußbaum*

Der aus Vorderasien, Italien und Nordgriechenland stammende große Baum ist ein Einzelgänger. Um Kräfte für seinen Wuchs zu sammeln, benötigt er viel Licht und Wärme und viele Mineralien aus dem Erdreich, so daß er einfach niemanden neben sich dulden kann. Einzeln stand er auch früher in jedem Bauerngarten, da man ihn als Wahrzeichen für Schutz und Fruchtbarkeit betrachtete. Nach Paracelsus gibt die Natur Zeichen für ihren Verwendungszweck; so wurde von der Formähnlichkeit der Walnüsse mit dem menschlichen Gehirn auf ihre Wirksamkeit bei der Behandlung von Geisteskrankheiten geschlossen. Heute schätzt man „HU T'AO" (= Walnuß) in China wie in Europa aus heilkundlicher Sicht als nieren- und magenstärkend und generell stoffwechselanregend. Auch die Blätter sind offizinell.

Zubereitung

Um „Johanni" (24. Juni) pflückt man zehn grüne Walnüsse, zerkleinert sie und gibt sie mit 1 l Obstler in eine Flasche. Durch eine Stange Zimt, einige Nelken und etwas Zitronenschale wird das Aroma noch angehoben. Für fünf bis sechs Wochen an einen warmen Ort stellen und dann filtrieren.

29 Weinraute

Ruta graveolens
im Volksmund: *Augenraute, Gartenraute, Krätzraute*

Die aus dem Mittelmeerraum stammende Pflanze aus der Familie der Rautengewächse (Rautazeen) spielte im Mittelalter bei allen möglichen Zeremonien eine bedeutende Rolle und wurde auch als Heilpflanze gegen die Pest sowie bei Augenkrankheiten verwendet. Noch heute betrachtet man sie als augenstärkend, ebenso als verdauungsfördernd und appetitanregend. Da das ätherische Öl in höheren Dosierungen

giftig sein kann, ist ein Verbrauch in Maßen angeraten.

Zubereitung

Für unseren Geist können die frischen Blätter und Triebe während der Vegetationszeit fortlaufend geerntet werden. Wir geben die gelb-grau-grünen Blätter und auch einige Trugdolden mit ihren gelben Blüten in eine 1 l Flasche, bis sie locker zu einem Viertel gefüllt ist, und gießen mit Korn oder Obstler auf. Die Flasche wird zwei bis drei Wochen in eine warme Ecke gestellt und dann der Geist abfiltriert. Vor dem ersten Schluck noch etwas lagern.

30 Weißdorn

Crataegus monogyna, Crataegus laevigata
im Volksmund: *Hagedorn, Heckendorn, Mehldorn, Zaundorn*

Schon den Griechen war die heilende Wirkung des Weißdorns bekannt, und im Mittelalter erfreute er sich, als gutes Mittel gegen Gicht und Blasensteine, großer Beliebtheit. Und auch heute noch gibt es zahlreiche industriell erzeugte Präparate, die Crataegus beinhalten. Seine bedeutendsten Wirkungen sind: blutdrucksenkend, herzstärkend, beruhigend. Er läßt sich bei Altersherz, Arteriosklerose, Bluthochdruck, leichten Fällen von Herzschwäche und Angina pectoris, ferner bei nervösen Störungen (besonders des Kreislaufsystems) anwenden und behebt Angstzustände, Schlaflosigkeit, Schwindel und Ohrensausen. Erste Hinweise auf die Verwendung des Weißdorns als Kreislaufmittel findet man bei Quercetanus, der ihn König Heinrich IV. von Frankreich verordnete. Insbesondere der Blütentee soll – einige Monate lang regelmäßig getrunken, nur so entfaltet er seine Heilwirkung – eine bleibende Blutdrucksenkung bei zuvor krankhaft erhöhtem Blutdruck bewirken und gilt auch seit langem als gutes Mittel gegen Fettleibigkeit.

Den sperrigen, bedornten Strauch suchen wir an Weg- und Waldrändern, finden ihn im Gebüsch oder als Hecke. Als Sammelgut dienen uns die eiförmigen, matt-roten, teigig schmeckenden „Mehlbeeren" mit einem bzw. zwei oder drei Steinen, die von August bis Oktober zur Reife gelangen. Der Geist hat einen herben, stumpf-fruchtigen Geschmack.

Zubereitung

Wir füllen eine ¾ l Flasche nahezu randvoll mit Früchten und gießen mit Obstler auf. Drei bis vier Wochen an einen warmen Platz stellen und ab und zu schütteln, filtrieren und noch etwas lagern.

31 Wermut

Artemisia absinthium
im Volksmund: *Absinthkraut, Eberreis, Heilbitter, Magenkraut, Ölde, Schweizertee, Wiegenkraut, Wurmkraut, Wurmtod*

Wermut gehört zu den Beifußgewächsen und wurde als Gewürz vom Gemeinen Beifuß überrundet. Wahrscheinlich ist dies eine Auswirkung der Tatsache, daß der Wermut im 19. Jahrhundert in Verruf geraten ist. Aus ihm wurde nämlich der berüchtigte Absinthschnaps hergestellt, der zu geistigem Verfall, Wahnsinn und Tod als Zeichen überhöhter Genußsucht und Dekadenz führte – tatsächlich bedeutet „Absinth" (vom griechischen „apsinthion") „keine Freude machen". Aus diesen Gründen ist der Wermutschnaps in vielen Ländern verboten. Schuld ist eigentlich nur das in der Pflanze enthaltene Thujon, das sich schädlich auf die Gehirnfunktion auswirkt. Aber nach den Grundsätzen und Erkenntnissen der Homöopathie bewirken geringere Konzentrationen das Gegenteil des Krankheitsbildes, das in diesem Fall durch eine höhere Konzentration (man spricht von Potenzen) verursacht wurde: „Similia similibus curantur." Das ätherische Öl des Wermut ist in zu hoher Dosierung ein Krampfgift, hilft aber in schwacher Dosierung zum Beispiel gegen Magenkrämpfe und bei Gallestörungen. So können wir mit dem Wermut ein wirkungsvolles Verdauungs- und Anregungsmittel gewinnnen.
Schwierigkeiten beim Sammeln des blühenden Krautes (Juli bis September) sollte es nicht geben, denn Wermut ist sehr verbreitet und wächst verwildert an trockenen Wiesen, Wegrändern und Mauern. Oder man hat die anspruchslose grau-grüne Pflanze im Garten. Dort stand sie schon bei Walahfried Strabo. Für die Beurteilung des Geschmacks des Angesetzten gilt: „Was bitter im Mund, ist dem Magen gesund."

Zubereitung

Wir füllen eine 0,7 l Flasche zu einem Viertel mit blühendem Kraut und gießen Korn auf. Die Flasche steht für zwei bis drei Wochen in der Sonne und muß öfter geschüttelt werden; dann abfiltrieren und noch einige Zeit lagern lassen.

32 Zitronenmelisse

Melissa officinalis
im Volksmund: *Bienenkraut, Billerkraut, Frauenwohl, Gartenmelisse, Herbstkraut, Herztrost, Immenblatt, Mutterkraut, Pfaffenkraut, Zitronenkraut*

Die Pflanze teilt ihren Namen mit der Honigbiene, die im Griechischen „Melissa" heißt, und tatsächlich bestehen zwischen Tier und Gewächs Berührungspunkte. Leonhart Fuchs erwähnt in seinem Kräuterbuch aus dem Jahr 1543, daß die „Immen oder Bynen ein sondere lib und begird zu disem kraut haben und das hönig darauß saugen". Er empfiehlt auch das Ausreiben der Bienenkörbe mit der Pflanze, um die Bienen an den Stock zu binden. Dieses Mittel kennen Imker noch heute. Im Mittelalter kam die Melisse vom Mittelmeerraum nach Deutschland und wurde erst in Klostergärten („Pfaffenkraut"), später auch in Bauerngärten angepflanzt. Im Kellergewölbe der Klöster entstand der „Karmelitergeist" (später „Melissengeist"), der zu Beginn des 17. Jahrhunderts von französischen Mönchen gepriesen wurde. 1829 entstand der heute als „Klosterfrau-Melissengeist" bekannte medizinische Tropfen, hergestellt von der Nonne Maria Clementine Martin. Im Bauerngarten wuchs die Melisse als Würzkraut und wurde wegen ihres zitronenähnlichen Duftes Zitronenmelisse genannt.
Unser Geist hat vielfältige Wirkung: schmerz- und krampfstillend, beruhigend, schweiß- und blähungstreibend; auch bei allgemeiner Nervenschwäche, Hysterie und Melancholie leistet er gute Dienste. Als Sammelgut dienen uns Blätter und Triebspitzen kurz vor der Blüte Anfang Juni und Juli; während und nach der Blüte erfolgen in den Blättern chemische Umsetzungen.

Noch ein wichtiger Hinweis: frisch zerquetschte Melissenblätter wirken schmerzstillend und kühlend bei Bienen- und Wespenstichen.

Zubereitung

Eine Flasche wird gut mit Blättern gefüllt und mit Korn aufgegossen. Zwei bis drei Wochen an einem dunklen Ort stehen lassen und dann abfiltrieren. Oder möchten Sie gar einen Karmelitergeist zubereiten? 150 Teile Spiritus vini (= Äthylalkohol), 250 Teile Wasser, 15 Teile Melisse, 12 Teile Zitronenschale, 6 Teile Muskatnuß, 3 Teile Zimtkassie (Cinnamomum aromaticum) und 3 Teile Gewürznelken. Dreimal täglich 20 Tropfen auf Zucker einnehmen, Kinder die Hälfte.

33 Großvaters Magenwärmer

„Bettelbrot is bitter, de Dod is bitter, aewer en Magenbitter is jesund." Dies ist ein Spruch aus Pommern, und in Pommern machte jeder seinen Magenbitter selber, am einfachsten aus Wermut und Korn. Großvaters Magenwärmer-Rezept ist zum eigenen Variieren gedacht, denn es soll ja „Ihr" Magenwärmer werden.
Noch einige Erklärungen: Lakritze, wer kennt das noch? Früher wurden so Kinderwünsche wahr, in Form von Stangen, Röhren, Streifen, Schnecken, Plätzchen oder auch Pfeifen. Heute muß man danach schon etwas suchen. Johannisbrot (auch Bockshorn oder Karube bzw. Karobe) ist die Schotenfrucht des Johannisbrotbaumes. Hartschalig und braun, enthält sie ein zu verzehrendes Fruchtmus, aus dem auch Sirup gemacht werden kann (dies soll der „wilde Honig" Johannes des Täufers gewesen sein). Bekannt auch als Kaffeesurrogat (Karobenkaffee). Bemerkenswert ist noch, daß die Samen fast alle 0,18 g wiegen. Da sie in Afrika als Goldgewicht dienten, entstand aus ihrer griechischen Bezeichnung „keration" das Wort „Karat".
Bezüglich des Magenwärmers noch ein Hinweis aus dem Rezept meines Vaters: „Es empfiehlt sich, das Johannisbrot mittels Reibe zu zerkleinern."

Zubereitung

Man braucht Wermutkraut, Wacholderbeeren, Kalmuswurzel, Ingwer, Lakritze und zum Abrunden etwas Johannisbrot. Alles in Obstler oder Korn ansetzen und zwei bis drei Wochen – dabei gut schütteln – an einem warmen Ort stehen lassen, dann filtrieren.

Gewürzliköre

34 Anis-Liqueur

Obwohl es so vielversprechend französisch klingt, hat dieses Rezept nichts mit dem weltbekannten Anisette, jenem typischen französischen Likör, zu tun. Dieser wird über die Destillation hergestellt, und uns bleibt ja nur die Mazeration, also der Kaltauszug, zur Likörzubereitung. Aber das Rezept der deutschen Großmutter oder Urgroßmutter (deshalb Liqueur, denn die deutsche Vorliebe für alles Französische war ja ein Kennzeichen der „guten, alten Zeit") ist ebenso reizvoll. Damit besitzen wir ein Mittel gegen Hexen und Dämonen! Denn wie Kümmel ist auch der Anis von allerlei Mystik umgeben. Wahrscheinlich wegen des starken Aromas, das vom Anethol, dem in den Früchtchen enthaltenen ätherischen Öl, herrührt. Dies ist auch zu einem kleineren Teil im Fenchel enthalten. Über verschiedene Wirkungen wußte Plinius der Ältere (er starb 79 n. Chr. beim Vesuvausbruch) zu berichten. In seiner 37 Bücher umfassenden „Naturalis historia" ist nachzulesen, daß Anis dem Atem einen guten Geruch gibt, dem Gesicht ein jugendliches Aussehen und schwere Träume erleichtert, wenn der Schlafende ihn riechen kann; auch bewirke er tüchtige Eßlust. Und da Anis, wie auch die Sellerieknolle, die Wirkung eines Aphrodisiakums haben soll, möchte ich Ihnen die Worte des Adamus Lonicerus nicht vorenthalten: „Eniß bringt den Frauen und Männern ein Begierd zum Beyschlaff und mehret den Saamen, in der Speiß genossen".

Zubereitung

Man stößt 125 g sauber verlesenen, getrockneten Anissamen im Mörser, füllt ihn in eine Flasche, gießt ½ l Fruchtbranntwein und ebensoviel Kirschwasser dazu und läßt ihn drei bis vier Tage an einem wohltemperierten Ort stehen. In etwas Wasser 250 g Zucker auflösen, aufkochen und auskühlen lassen. Dann über den Liqueur gießen und noch über Nacht ruhen lassen. Abfiltrieren und abfüllen.

35 Benediktinerlikör

Droge: Nelkenwurz – Geum urbanum
Im Volksmund: *Mannskraftwurzel, Märzwurz*

Dieses Rezept stammt nicht aus einem klösterlichen Geheimkästchen (nicht der berühmte französische Kräuterlikör, den der Mönch Bernardo Vincelli 1510 in der Benediktinerabtei zu Fécamp in der Normandie als erster zusammenstellte, ist gemeint), sondern aus Großmutters Schatzkästlein. Daher nicht mit vielerlei Zutaten und exakter wissenschaftlicher Gramm-Angabe. Ein Gewürz-, kein Kräuterlikör nach Omas Gefühl, Geschmack und Machart: ein Angesetzter. Man sucht hierfür im März/April die nelkenartig riechende Wurzel des Benediktenkrautes an Gebüschen, Hecken oder auch auf Schuttplätzen. Aber aufpassen, es gibt hier eine Namensverwandtschaft. Wir suchen nicht nach der Bitterdistel *Cnicus benedictus*, die aufgrund ihrer lateinischen Bezeichnung rechtmäßig Benediktenkraut genannt wurde. Vielmehr halten wir Ausschau nach einer 30 bis 70 cm hohen Staude mit fiederteiligen Blättern: der Echten Nelkenwurz *(Geum urbanum)*, dem „Heil aller Welt". Der Likör soll natürlich nicht nur die Zunge zufriedenstellen. Die Nelkenwurz hilft bei Darmschwäche, Koliken, als Schmerzmittel bei Zahnschmerzen, bei Zahnfleisch- und Halsentzündungen. Noch ein Wink: Nach folgendem Rezept kann man auch einen Ingwerlikör mit frischer geschälter Ingwerwurzel ansetzen.

Zubereitung

Man braucht 30 g der zerkleinerten Wurzel der Echten Nelkenwurz und setzt diese mit 0,5 l 60- bis 70 %igem Alkohol auf. Die gut verkorkte Flasche beläßt man vierzehn Tage am sonnigen Fenster. Dann wird abfiltriert. Vorher wurde schon eine Zuckerlösung aus 500 g Zucker in 400 g Wasser kochend gelöst. Diese wird dann abgekühlt und je nach Geschmack zugegeben. Sollte er Ihnen zu stark sein, verdünnen Sie mit destilliertem Wasser.

36 Fenchellikör

Droge: Fenchel – Foeniculum vulgare
Im Volksmund: *Brotanis, Brotsamen, Fencheldill, Fenikel, Fenis, Fenkel, Finchel, Garten-* oder *Frauenfenchel*

Die Staude ist sehr verzweigt und wird im Garten und in südlichen Lagen bis zu zwei Meter hoch. Verwildert kommt sie nur in Gartenrandzonen, an Wegrändern und Rebhängen vor. Nicht zu verwechseln mit dem Gemüsefenchel, der als herrliches Wintergemüse angeboten wird. Wie bei Kümmel oder Anis werden ab September die Dolden geerntet (unsere Großmütter ernteten mit einem besonderen Kamm die in den Mitteldolden reifenden Früchte, deshalb „Kammfenchel"), getrocknet und die Samen abgestreift. Das Verdienst, Fenchel „populär" gemacht, also unters Volk gebracht zu haben, fällt wie in vielen anderen Fällen den Ärzten der Antike (z. B. Galenos, Leibarzt Mark Aurels) und den Mönchen zu. Man kannte vielerlei Wirkungen: „Füllt den Frawen die Brüst mit Milch ... treibet die Monzeit der Frawen" (Dioskurides); Saft aus Stengel und Blättern schärft das Auge. Man benutzte Fenchel als Schlankheitsmittel, auch galt er im Mittelalter als Mittel gegen Trunkenheit. Bei Husten wurde Fenchel mit Wein gereicht – doch eine sehr angenehme Medizin. Und wie immer weiß auch Hildegard von Bingen Gutes: „Fenchel hat eine angenehme Wärme und heitert den Menschen auf." Der glühendste Verehrer des Fenchels war und bleibt wohl Tabernaemontanus: Er füllte 38 Spalten mit Möglichkeiten seiner Anwendung: In der Walpurgisnacht konnte man die Hexen mit Fenchel fernhalten: es wurden die Schlüssellöcher damit zugestopft und Kränze aus Fenchelkraut gebunden, um die Türen damit zu schmücken. Ob es wohl daran lag, daß im 11. Jahrhundert ein größerer Haushalt 4 kg Fenchel pro Monat verbrauchte? Für uns hat der Fenchel harmonisierenden Einfluß auf das gesamte Verdauungsgeschehen, reinigt die Atemwege, wirkt erwärmend, schleimlösend, drüsenanregend und krampfstillend.

Zubereitung

Im Mörser werden 150 g Fenchel, 30 g Anis, 15 g Koriander und 5 g Kümmel zerkleinert und alles mit 1 l 96 %igem Alkohol in eine Flasche gegeben. In der Sonne vierzehn Tage stehen lassen und eine vorbereitete Zuckerlösung (500 g Zucker, 0,5 l Wasser) nach dem Abfiltrieren hinzufügen. Eventuell mit destilliertem Wasser verdünnen.

37 Gewürzlikör

Wir verwenden sechs verschiedene Gewürze, und das heißt: wir erzielen sechs Wirkungsgrade; oder sagen wir lieber: sieben Wirkungen, denn der Doppelkorn wird auch das seinige dazu beitragen. Ein milder Gewürzlikör, für den wir je 1 Teelöffel Fenchel (= Wirkung auf die Verdauungsorgane und Atemwege), Anissamen (= wirkt ebenfalls auf die Verdauungsorgane), Wacholderbeeren (= entfalten Wirkung im Magen-Darm-Bereich), Koriander (= wirkt wie Wacholder), 5 Gewürznelken (= duftende Wirkung, hat im Mittelalter gegen Flöhe und Läuse gedient), 1 Stange Zimt (geht auf die Magensaftsekretion ein) benötigen.

Zubereitung

Die sechs Gewürze werden in der oben angegebenen Menge mit 0,7 l Doppelkorn angesetzt. Zu Alkohol und Gewürzen werden noch 170 g brauner Kandiszucker hinzugegeben. Sechs bis acht Wochen in der Sonne bei täglichem Schütteln stehen lassen, filtrieren, abfüllen und kühl lagern.

38 Ingwerlikör

(siehe auch Benediktinerlikör)
Droge: Ingwer-Zingiber officinale

Wir benötigen weiße Johannisbeeren, heute fast schon eine Rarität, die wir entweder noch in alten Hausgärten finden oder neu anpflanzen müssen, denn im Handel sind diese vitaminreichen Beeren bestimmt nicht zu erhalten. Ferner brauchen wir getrockneten Ingwer oder für eine Variante frischen Ingwer. Es ist einen Versuch wert, Ingwer selbst im Topf oder im Sommer im Garten zu ziehen. Bei Bedarf gräbt man den Wurzelstock aus und bricht einen Schößling ab, es wachsen ja wieder neue nach.

Zubereitung

Wir zerstampfen 500 g weiße Johannisbeeren und mischen sie mit 500 g Zucker in einem Topf. Vorsichtig wird die Masse unter stetigem Rühren erhitzt, bis der Zucker sich gelöst hat. Ist dieses Frucht-Zucker-Gemisch ausgekühlt, geben wir es mit 50 g getrocknetem Ingwer und 0,7 l Doppelkorn (noch besser ist weißer Rum) in eine Flasche, verschließen sie und stellen sie vierzehn Tage in die Sonne, dann abfiltrieren und noch etwas ruhen lassen.
Man kann auch frischen Ingwer hinzufügen. Die Ingwerwurzel wird geschält und in kleinere Stücke geschnitten.

39 Kalmuslikör

Droge: Kalmus – Acorus calamus
im Volksmund: *Ackerwurz, Brustwurz, Deutscher Ingwer, Deutscher Zitwer, Echter* oder *Gewürzkalmus, Kolmes, Magenwurz, Schwerthenwurzel*

Für den Kalmuslikör verwenden wir den im Herbst an See- und Flußufern gesammelten, geschälten, in der Länge halbierten und getrockneten Wurzelstock des Kalmus, eines 80 bis 100 cm hohen Aronstabgewächses. In Indien heimisch, hat er sich über das tropische Asien, Nordamerika bis nach Europa ausgebreitet oder ausbreiten lassen. Er wurde durch P. A. Matthiolus (Leibarzt von Kaiser Ferdinand I.) ca. 1560 aus Konstantinopel eingeführt. In Deutschland hat er sich seit dem 17. Jahrhundert aus der Zucht und Ordnung der Botanischen Gärten in die freie Wildbahn begeben. Ohne jedoch hier zur Samenreife zu gelangen, vermehrte er sich durch verzweigte Wurzelstöcke. Dies ist aber nicht die Frage der Temperatur, sondern hängt vielmehr mit seiner Bastardnatur und der Chromosomenzahl zusammen. Sein Wurzelstock, das Rhizom, schmeckt aufgrund seiner ätherischen Öle würzig, bitter, schwach kampferartig und hat eine verdauungsfördernde, appetitanregende (in früheren Zeiten deswegen ein beliebtes Kaumittel, das die Eßlust gewaltig anregte) sowie krampfstillende Wirkung. Daß er sogar einen „Chartreuse" anreichert, sollte uns mobil machen, wieder mal was anzusetzen.

Zubereitung

Wir geben 60 g geschnittenen Kalmus-Wurzelstock (frisch oder getrocknet) mit 2 l Brannwein in eine Flasche, die wir verschlossen vier Wochen lang der Sonne aussetzen. Abfiltrieren und mit Zuckerlösung (350 g Zucker in ¼ l Wasser kurz aufkochen) vermischen. Gönnen Sie dem Likör noch ein wenig Ruhe.

40 Kümmel-likör

Der Kümmellikör ist die liebliche Variante des Kümmelschnapses, aber mit diesem gar nicht zu vergleichen. Seine Wunderwirkung müßte eigentlich von jedem versucht werden: Als Digestif (das Gegenteil von Aperitif) ist er ein feiner Abschluß eines reichhaltigen Essens. Einst waren Breslau, Danzig und Rostock die Hochburgen edler Kümmelliköre. Einige klangvolle Namen haben sich bis heute erhalten können: „Allasch" – in Lettland auf dem Rittergut Allasch der Familie Blanckenhagen im Jahre 1823 zum ersten Mal hergestellt. „Eckauer-Eiskümmel" aus Eckau in Litauen; Sie müssen nicht meinen, daß dieser mit Eis getrunken werden muß, einen Versuch wär's allerdings wert. Die Bezeichnung „Eiskümmel" steht in einem anderen Zusammenhang: dieser Likör hat einen besonders hohen Zuckergehalt, der schon bei der Herstellung durch Abkühlung auskristallisiert und sich an der Flaschenwand als „Eis"-Kristalle niederschlägt. Je langsamer die Abkühlung, um so mehr Kristalle bilden sich. „Gilka", vor 150 Jahren erfunden, ist inzwischen seiner ostdeutschen Heimat entfremdet. Die vierte Generation der Likörfamilie Gilka hat den großen Ruf erhalten. Der Gilka wird heute in Hamburg und vor allem in Berlin hergestellt. Tante Friedas

Likörchen (eine liebe Großtante von mir, die nicht nur Liköre zaubert, sondern auch herrliche Gardinen und Deckchen häkelt) trägt zwar keinen „Allerwelts"-Namen, aber bei diesem Rezept können wir zur Tat schreiten.

Zubereitung

100 g Kümmelsamen werden mit 5 g Sternanis und einer Messerspitze Zimt vermischt, in eine Flasche gegeben und mit 1 l Korn aufgesetzt. Gut verschlossen wird die Flasche in einen Topf mit kaltem Wasser auf den Herd gestellt. Das Wasser wird nun allmählich(!) erwärmt und langsam zum Kochen gebracht. Nachdem es eine knappe halbe Stunde gekocht hat, zieht man den Topf vom Feuer und läßt alles abkühlen. Zu dem erkalteten Flascheninhalt gießt man eine Zuckerlösung (300 g Zucker in ¼ l Wasser aufgekocht, abgeschäumt und abgekühlt) schüttelt alles gut durch, läßt das Likörchen noch einen Tag ruhen, filtriert dann ab. Die Lagerung sollte nie mehr als 8 Monate betragen, sonst erhält das Kümmelaroma einen etwas ranzigen Geschmack.

41 „Lutter-Tranck"

In einem über 250 Jahre alten „Küch- und Keller-Dictionarium fand ich folgendes Rezept. Sein Name hat nichts mit dem Reformator zu tun; vielmehr ist „lutter" eine Nebenform von „lauter" und bezeichnet einen „unvermischten, lauteren und ganzen Wein, darin kein Wasser ist".

Zubereitung

„Nimm zu drey Maaß weissen Wein
zwey Loth gestossenen Zimmet + und
ein wenig Ingwer
auch ein Pfund Zucker
laß es sieben oder acht Stunden in einem sauberen und wohl-gemachten Geschirr weichen; Alsdann muß man es so offt durch einem wollenen Sack lauffen lassen, bis er gantz klahr ist nach diesem in wohlverwahrte Flaschen zum Gebrauch aufheben. Auf eine andere Art. Drey Loth Zimmet
ein Loth Violen-Wurtzeln
Paradies-Körner
und Ingwer
jedes ein Quintlein
und ein Pfund Zucker
alles zerstossen
und auf obige Weise bereitet
man kan auch etliche süsse zerstossene Mandeln dazu thun
damit es sich desto eher läutere."

Für die heutige Anwendung folgende Erklärung:
1 Loth entspricht 1/30 bzw. 1/32 Pfund, also 16,7 g bzw. 15,6 g; auch 1 Maaß kann je nach Region mehr oder weniger sein, z. B. in Bayern 1,069 l, in Hessen 2,0 l, in Württemberg 1,837 l; 1 Quint = ca. 4 g; mit Violen-Wurtzeln ist die Wurzel der *Iris germanica* (deutsche Schwertlilie) = *Rhizoma Iridis* (im Volksmund: *Veilchenwurzel)* gemeint; Paradieskörner sind aromatisch schmeckende, scharfe Samen des Aframomum, einer Gattung der Ingwergewächse, die bei der Senf-, Essig- und Likörzubereitung Verwendung finden.

42 Rhabarberlikör

Droge: Palmblättriger Rhabarber – Rheum palmatum

Die „ausländische Wurzel" („Rha barbarum") stammt aus China und Zentralsasien. Sie wird schon 2800 v. Chr. in einem alten chinesischen Kräuterbuch als Abführmittel genannt, und auch Dioskurides hat sie aufgeführt und nach dem Fluß Rha (der heutigen Wolga) benannt.
Von den „Barbaren" kam sie dann nach Rom. Diente sie früher nur zu Heilzwecken (man verwendete nur die Wurzel des Echten oder Palmblättrigen Rhabarbers), so wurde sie bei uns als Zierpflanze eingeführt, um sich dann als Gemüsepflanze durchzusetzen.
Damit den fleischigen Blattstielen (sie werden bis zwei Meter hoch) nicht die Kraft genommen wird, läßt man es erst gar nicht zu den dekorativen rispen- bzw. ährenförmigen Blüten kommen.
Heute ist man der Auffassung, daß sich auch das verdickte Rhizom der Gemüsepflanze (Rheum rhabarbarum) verwerten läßt.
In kleinen Dosierungen wirkt sie adstringierend, in größeren abführend.
Im Rhabarberlikör haben wir die appetitanregende und beruhigende Wirkung. Wegen vorhandener Oxalsäure sollte das Trinken allerdings nicht übertrieben werden.

Zubereitung

Man mischt die zerkleinerten Wurzelstücke mit 1 Stange Zimt, 4 Stück Sternanis und 1 Teelöffel voll Gewürznelken. Eine 0,7 l Flasche wird damit zur Hälfte gefüllt und mit Obstler aufgegossen. Vier Wochen lang an einem warmen Ort bei täglichem Schütteln stehen lassen, abfiltrieren und mit einer Zuckerlösung (200 g Zucker auf 1/4 l Wasser) vermischen. Gönnen Sie dem Likör noch eine Lagerzeit.

43 Sellerielikör

Droge: Sellerie – Apium graveolens
im Volksmund: *Appich, Bockskraut, Eppich, Gailwurz, Schoppenkraut, Suppenkraut, Zellerie*

Eine absolute Rarität unter den Gewürzlikören – im Handel gar nicht zu finden – wird hergestellt aus der frischen oder getrockneten knolligen Wurzel des Wurzelsellerie. Sie kommt aus Südeuropa, und dort genoß er schon im alten Griechenland (dem Mythos zufolge ist er aus dem Blut eines Helden entstanden) großes kultisches Ansehen: Die Sieger der isthmischen und nemaischen Spiele wurden mit Eppich (dem Sellerie entsprechend) bekränzt. Gräber wurden damit bestreut, da Sellerie (= Eppich) für die Antike auch Trauer und Tränen bedeutete und den Göttern der Unterwelt geweiht war. Homer berichtete in der „Odyssee", daß auf der Insel der Kalypso, Tochter des Atlas, die Wiesen mit Veilchen und Sellerie bedeckt waren – ein göttlicher Anblick. Im 17. Jahrhundert gelang es italienischen Gärtnern, eine weniger scharfe Art zu züchten. In Deutschland ist der Sellerie seit dem 18. Jahrhundert heimisch und bekam durch weitere Züchtungen eine immer „fleischigere" Wurzel. Es gibt noch zwei andere Arten: der Blatt- und der Bleichsellerie, die für die Likörherstellung aber ohne Interesse sind.

Wozu soll oder kann der Sellerielikör gut sein? Schon im 15. Jahrhundert galt die Sellerieknolle – roh gegessen – als potenzstärkendes Aphrodisiakum. So wurden damals „müde Männer munter gemacht"; daher so mancher Beiname. Als Berliner(in) kennt man auch folgenden netten Spruch: „Freu dir, Fritzken, morjen jibts Sellriesalat."

Jüngere Erkenntnisse zeigen eine allgemeine organfunktionsstärkende und damit vitalitätssteigernde Wirkung.

Zubereitung

Auf ¼ l Obstler geben wir 100 g kleingeschnittene Selleriewurzel, 20 g Melissenkraut, 20 g gestoßenen Selleriesamen, etwas Zitronenschale und einige Zimtblüten, wenn vorhanden, auch noch einige Tropfen Orangenblütenwasser. In eine Flasche gefüllt, stellen wir diese an einen warmen Ort. Vier Wochen lang täglich schütteln, dann abfiltrieren und mit einer Zuckerlösung 1:1 vermischen.

44 Vanillelikör

Droge: Vanille – Vanilla planifolia

Die Vanille ist die kostbare Kapselfrucht einer aus Mexiko stammenden ebenso kostbaren Pflanzenart, einer Kletterorchidee. Schon bei den alten Mayas war sie ein beliebtes Gewürz. Heute kommt die Vanille zu uns von Madagaskar, Ceylon, Java; von den Komoren (einer Inselgruppe im Indischen Ozean) stammt die „Bourbon-Vanille". Die gelblich-grünen Früchte werden unreif gepflückt und anschließend fermentiert, wobei sie sich schwarzbraun färben und sich das angenehme Aroma entwickelt. Vanillin, der Würzstoff der Vanille, wird heute auch synthetisch hergestellt. Jede Hausfrau denkt sofort an Vanillin-Zucker, ohne den ein Kuchen heute fast undenkbar wäre. Er enthält auch das synthetische Vanillin und hat die Vanilleschote in vielen Haushalten verdrängt. Dabei ist es eine Ehre für Hausfrau und Schote, wenn man in einem Flammeri, einer Kugel Vanilleeis oder einer Portion Schlagsahne die kleinen schwarzen Pünktchen als Zeichen guter Küche entdecken kann. Der Vanillelikör ist im Handel kaum zu haben – schreiten wir also zur Tat.

Zubereitung

Drei bis vier Stangen Vanille werden der Länge nach halbiert und mit ¾ l Doppelkorn übergossen. Acht Tage an ein sonniges Fenster stellen; nicht länger, sonst wird der Likör etwas bitter, öfter schütteln und schließlich abfiltrieren. 375 g Zucker in ¼ bis ½ l Wasser kochend lösen, abkühlen und dazugeben. Schon die Tante hat den Vanillelikör mit Speisefarbe leicht gelbrot gefärbt, noch besser mit Kirschsaft. Haben Sie die Farbe verbessert, verbessern Sie auch noch sein Aroma durch etwas Lagerzeit.

45 Zimtlikör

Droge: Zimt – Cinnamomum

Der Zimtlikör oder auch Chanelle, ein ausgesprochener Gewürzlikör, ist wie Nelken- oder Muskatlikör heute fast unbekannt. In der Türkei allerdings kann man ihn noch finden. Der Zimtbaum, ein Lorbeergewächs, wächst wild besonders in Ceylon, und von dort wird auch hauptsächlich Zimt exportiert (Cinnamomum ceylanicum). In Südchina erntet man den Zimt dagegen von einem Zimtstrauch (Cinnamomum cassia). Aus der Innenrinde der Schößlinge des Baumes wird der Stangenzimt (Kaneel) gewonnen. Die einen bis eineinhalb Meter langen geernteten Stangen werden in zentimeterlange Stücke geschnitten. Danach werden mehrere dieser Stückchen ineinandergeschoben, wobei sie sich während des Trocknens fest einrollen. Dieses aromatisch-würzig riechende und süß-würzig schmeckende Gewürz ist in unseren Breiten erst seit dem 14. Jahrhundert bekannt. Dabei begleitet es die Geschichte schon seit Jahrtausenden. Der Zimt diente Ägyptern, Griechen und Römern nicht nur als Würzmittel, zum Beispiel für Wein, sondern auch als Räuchermittel, Salbenzusatz und Arznei. Das in der Zimtrinde enthaltene, stark duftende Zimtöl wirkt appetitanregend, magenstärkend (es regt die Magensekretion an), verdauungsfördernd. Außer der Rinde des chinesischen Zimtstrauches finden auch die unreifen Früchtchen als Kassia- oder Zimtblüten Verwendung. Sie eignen sich für Punsch und Glühwein und wurden auch früher in der Likörherstellung verarbeitet.

Zubereitung

Für unser Likörrezept – schnell zubereitet, auf die moderne Zeit zugeschnitten – nehmen wir vier bis fünf Stangen Zimt, eine halbe Stange Vanille, etwas Orangenblütenwasser, 100 g weißen Kandis. Alle Zutaten werden in eine Flasche gefüllt. Den Zimt haben wir zuvor etwas zerbrochen und die Vanillestange der Länge nach halbiert; nun gießen wir 1 l Doppelkorn darüber und schütteln kräftig. Der werdende Likör bekommt für sechs bis acht Wochen einen sonnigen Fensterplatz und wird jeden Tag kräftig geschüttelt. Dann filtrieren und in Flaschen abfüllen. Er sollte kühl gelagert werden. Und wieder gilt: je länger er lagert, umso besser wird sein Aroma.

Kräuterliköre

46 Abteilikör

Unter den Kräuterlikören nehmen die Abtei- oder Klosterliköre eine besondere Stellung ein. Wer kennt sie nicht, die wundersame Medizin der Benediktiner, der Kartäuser, Zisterzienser, Trappisten (davon noch später), der Kapuziner oder Karmeliter. Entstanden sind sie durch die vielfältigen und mit großem Ernst betriebenen Naturstudien, denen zahlreiche Experimente in den geheimnisvollen Küchen und Gewölben folgten, und all diese Mühen endeten in einem dieser wundervollen irdischen Genüsse, die dann obendrein noch das Klostersäckel füllten. Natürlich geschah alles nur zu Ehren des besten, höchsten Gottes: „D.O.M." (= „Deo Optimo Maximo"). Diese Abkürzung findet man noch heute auf einer Flasche Bénédictine. Man hatte dieses Kürzel den Tempeln und Altären des Altertums abgeguckt. Damals stand „Deo" für „Jupiter". Für alle Klosterliköre ist auch kennzeichnend, daß sie nicht nur aus einigen wenigen Kräutern zusammengesetzt sind. Sie wurden im Laufe der Jahrhunderte in ihrem Aroma immer reichhaltiger, feiner, abgerundeter und harmonischer. Ein Beispiel: die Mischung des „Chartreuse" wurde von einem unbekannten Alchimisten aus sage und schreibe 130 Drogen zusammengestellt. Diese Geheimrezeptur gelangte dann im 18. Jahrhundert auf abenteuerliche Weise an die Mönche des Klosters der Einsiedler „La grande Chartreuse" nordöstlich von Grenoble. Von ihnen wurde das Elixier, dieser Lebenssaft oder auch Heiltrank der Alchimisten (so die Bedeutung des aus dem arabischen „al-iksir" abgeleiteten Wortes „Elixier"), noch verfeinert und soll sogar bei Choleraepidemien Wunder gewirkt haben. Heute haben wir sicher zuverlässigere Heilmittel, aber dennoch ist solch ein Tropfen als Digestif zum Beispiel eine wunderbare Sache. Wir können es zwar nicht, wie ehemals in Klosterküchen und -kellern, mit Hilfe von Feueröfen, Kupferkesseln und Rohren brodeln und zischen lassen, aber dennoch wird auch uns das Endprodukt erfreuen.

Zubereitung

Benötigt werden – frisch oder getrocknet – 25 g Zitronenmelisseblätter, 10 g Zitronenschale, 5 g Angelikawurzel, 5 g Ivakraut, 3 g Ysopkraut, 3 g Koriandersamen, 3 g Kurkumawurzel, 3 g Sternanis, 3 g Kardamom, 3 g Zimt, 3 g Kalmuswurzel, 2 g Königskerzenblüten, 2 g Holunderblüten, 2 g Angelikasamen, 2 g Pfefferminzblätter, 2 g Echte Edelraute, je 1 Messerspitze Tonkabohnen, Iriswurzel und Macisblüte. Es sind zwar nicht die oben erwähnten 130 Ingredienzien – aber auch diese Liste ist doch recht ansehnlich. Am besten benutzt man zum Abwiegen eine Apothekerwaage. Die Drogen werden nun mit 0,5 l 96 %igem Alkohol und 0,25 l Wasser aufgesetzt. Nach drei Tagen mit Wasser auf 1 l aufgießen und weitere zwei Tage stehen lassen, dann filtrieren. Nun sollte 1 l Mazerat zur Verfügung stehen, das wir nun mit 3 l 96 %igem Alkohol, 0,5 l Weinbrand, 3 l Zuckerlösung und 1,5 l destilliertem Wasser zu einem Klosterlikör zusammenstellen. Wenn Sie den Likör noch verfeinern möchten, geben Sie noch 0,2 kg Bienenhonig hinzu. Und wollen Sie noch ein weiteres tun, so erinnern Sie sich an den Kinderspruch: „ . . . Safran macht den Kuchen gehl!" Möchte man also auch die Farbe verbessern – eben ein schönes Gelb erzielen – benötigt man noch 20 ccm Safran-Tinktur 1:20.
Es empfiehlt sich, eine so große Menge anzusetzen, weil für eine besonders gute Qualität auch eine besonders lange Lagerzeit wichtig ist – und wer hält die schon ein?

47 Altvater

Ein milder und feiner Spezial-Kräuterlikör nicht nur für alte Väter! Er ist eine typisch schlesische Angelegenheit und verdankt seinen Namen dem Mährischen Schneegebirge, nämlich dem Altvatergebirge. Sicher kommen Ihnen folgende Liedstrophen bekannt vor: „und in dem Schneegebirge, da fließt ein Brünnlein kalt, und wer daraus tut trinken, und wer daraus tut trinken, wird jung und nimmer alt. / Ich habe daraus getrunken gar manchen frischen Trunk; ich bin nicht alt geworden, ich bin noch allzeit jung". Ist mit dem Brünnlein vielleicht der erstmals 1770 destillierte Altvater gemeint?

Zubereitung

Benötigt werden die folgenden Vegetabilien: 15 g Angelikasamen, 6 g Arnikablüten, 5 g Königskerzenblüten, 3 g Zimt, 3 g Orangenblüten, 2 g Veilchenwurzel und jeweils eine Messerspitze Pomeranzenschale, Ysopkraut, Wermutkraut, Macisblüte (alles entweder frisch oder getrocknet). Mit 0,3 l ca. 60 %igem Alkohol und 0,16 l destilliertem Wasser aufgesetzt. Nun vierzehn Tage warten, dann filtrieren und mit weiterem Alkohol auf 0,5 l aufgießen. Diesen Extrakt mit folgenden Zutaten zu einem Likör zusammenstellen: 3 l 96 %igem Alkohol, 0,5 l Weinbrand, 2,5 l Zuckerlösung und 2 l destilliertes Wasser.
Eine andere Variante nach Ihrem Geschmack ist jederzeit möglich.

48 Ivalikör

Droge: Moschus-Schafgarbe – Achillea moschata
im Volksmund: *bisamduftige Schafgarbe, Genippi, Ivakraut, Iwa*

Der Ivalikör ist ein Kräuterlikör aus der Moschus-Schafgarbe, auch Ivakraut genannt; nicht zu verwechseln mit dem Moschuskraut. Die Iva ist die Alpine unter den Schafgarben. Selbst nur bis 20 cm hoch, fühlt sie sich in Regionen bis 3000 m am wohlsten. Daher ist dieser Likör besonders in der Schweiz, vor allem im Engadin, anzutreffen. Nutzen zog man aus der Iva aber nicht erst in jüngster Zeit und eben in dieser Gegend, sondern die griechische Sage berichtet, daß schon Achilleus im Trojanischen Krieg Schafgarbe zur Linderung seiner Wunden und die seiner Soldaten verwendet hat; aber sicher nicht in dieser flüssigen Form! Die lateinische Bezeichnung der verschiedenen Schafgarben bewahrt die Erinnerung an das heilkundliche Wissen des Helden, den das Innenbild einer Trinkschale des Sosias-Malers dabei zeigt, wie er seinen Freund Patroklos verbindet.

Aber nicht nur bei den Griechen wurden die Schafgarben geschätzt. In China wird seit ungefähr 1000 v. Chr. das Schafgarbenorakel, eine Form der Punktierkunst, befragt. Um die Zukunft zu deuten, werden 50 Stengelteile der Schafgarbe nach bestimmten Regeln angeordnet und gezählt, bzw. auch wahllos auf den Boden geworfen. Dieses „Schafgarben-Bild" wird dann nach 64 Figuren, die in einem „Buch der Wandlungen" enthalten sind, gedeutet. Aber uns geht es ja weder um eine Lebensvorausschau, noch wollen wir Heldenwunden heilen, sondern eher unseren Appetit mit einem Gläschen Ivalikör anregen, vielleicht auch noch einen schwächeren Husten vertreiben oder eventuelle Verdauungsstörungen regulieren.

Zubereitung

Wir suchen im Juli/August 300 g des blühenden Krautes. Es geht aber auch mit getrocknetem Ivakraut, hiervon benötigt man nur 75 bis 100 g. Das Kraut – frisch oder getrocknet – wird mit 0,5 l reinem Alkohol und 0,5 l Wasser angesetzt. In einer gut verschlossenen Flasche bleibt der Ansatz zehn Tage stehen, wobei das Schütteln nicht vergessen werden sollte. Dann wird filtriert und je nach Geschmack eine Zuckerlösung beigegeben. Für diese Zuckerlösung, die 5 – 10 Minuten kochen sollte, rechnet man auf 0,5 l Wasser ½ kg Zucker. Nun muß nur noch abgekühlt werden, und dann vor dem Essen ein Gläschen!

49 Johanniskrautlikör

Droge: Johanniskraut – Hypericum perforatum
im Volksmund: *Blutkraut, Färberkraut, Frauengliester, Hergotts Wundkraut, Hexenkraut, Hirschheu, Jägerteufel, Löcherkraut, Unserer Frau Bettstroh, Unserer lieben Frau Gras, Sonnwendkraut, Tüpfel-Hartheu, Waldhopf, Wilder Magram*

„Gegen alles ist ein Kraut gewachsen" – diese alte Volksweisheit könnte auf das Johanniskraut gemünzt sein. Die Heilpflanze hat nicht umsonst so viele geheimnisvolle Bezeichnungen: sie wirkt wundheilend, entzündungshemmend, kreislauftonisierend, leicht beruhigend sowie nervenstärkend, innerlich bei Magen- und Darm-Katarrh, Blasenschwäche, Depressionen (wird sogar als pflanzliches Antidepressivum bezeichnet), regt Verdauungsorgane und Galle an.
Man sucht das Johanniskraut (natürlich nur in der „Johannisnacht" vor dem 24. Juni, sie begünstigt auch das Heben von Schätzen!) an Wegrändern, auf verwunschenen Waldlichtungen, an Bahndämmen und auf Halden, pflückt die Blüten, entfacht ein Johannisfeuer, trocknet daran das Gesammelte . . .
Übrigens soll das Johanniskraut früher nicht nur den Hexen und Hexenmeistern von Nutzen gewesen sein, im Gegenteil, die magischen Kräfte des Krautes haben diese und auch Dämonen vertrieben. Viele Volksbräuche, wie Feuerrad, Johannisfeuer, Johannistänze, Johanniskränze und -kronen aus heilkräftigen Kräutern, haben sich im Zusammenhang mit der Johannisnacht bis heute erhalten.

Zubereitung

Man benötigt 1 l gebranntes Wasser, übergießt damit 40 g der getrockneten Johanniskrautblüten und eine kleingeschnittene Zitrone und läßt alles zwei Wochen in der Sonne oder Wärme sich entzaubern. Dann wird das Ganze in unserer Hexenküche filtriert und mit 80 g Zucker so lange geschüttelt, bis sich dieser gelöst hat. Und fertig ist unser Zaubertrank, den man vor dem Essen genießen sollte.

50 Krambambuli

Eigentlich fing es mit einem Studentenulk an. Die in Danzig für Wacholder vorherrschende Bezeichnung „Kranatbaum" wurde von den Studenten in „Krambambuli" umgeformt und für den in dieser Gegend vielgetrunkenen Wacholder-Branntwein benutzt. Ob sie wohl so oft und zu tief in die Gläser geschaut hatten? Jedenfalls gab es das neue Wort, das später von der weltbekannten Likörfabrik Lachs (ihr hat man auch das bekannte Danziger Goldwasser zu verdanken) aufgegriffen wurde. Unter diesem Namen brachte sie eine neue Likörmischung aus Kräutern, Gewürzen und natürlich Wacholder heraus. Seine wunderbare blaue Farbe erhielt der Likör angeblich von zugefügten Heidelbeeren. Inzwischen gibt es auch noch eine Feuerzangenbowle mit diesem Namen als Reminiszenz an das herrliche Blau: die Flamme beim Abbrennen eines Zuckerhutes mit Alkohol erinnert an die Farbe des Krambambuli-Likörs. Im Jahre 1745 war dieser solch ein „Renner", daß ein „Lob-Gedicht über die gebrannten Wasser im Lachs zu Dantzig" mit sage und schreibe 102 Strophen gesungen wurde:

„Krambambuli, das ist der Titel des
Tranks, der sich bei uns bewährt,
er ist ein ganz probates Mittel,
wenn uns was Böses widerfährt.
Des abends spät, des morgens früh,
trink ich mein Glas Krambambuli . . ."

Zubereitung

Benötigt werden 50 g Zitronenschale, 25 g Pomeranzenschale (oder Orangenschale), 15 g Zimt, 15 g Wacholderbeeren, je 10 g Anis, Nelken, Lavendelblüten, Macisblüten, je 1 Teelöffel Pfefferminze, Wermutkraut, Majoran und Kamille. Möchten Sie einen Krambambuli mit blauer Farbe, dann vergessen Sie nicht die Heidelbeeren; die Menge richtet sich nach der gewünschten Farbintensität. Alles wird nun in eine große Flasche mit 1 l 40 %igem Alkohol und 0,3 l Wasser angesetzt. Etwa acht bis zehn Tage stehen lassen, zwischendurch natürlich kräftig schütteln, und dann filtrieren. Nun mit 1,5 l reinem Alkohol, 1,5 l destilliertem Wasser und einer aufgekochten und abgekühlten Zuckerlösung aus 0,5 l Wasser und 750 g Zucker vermischen und abfüllen.

51 Kräuterlikör

Es ist selbstverständlich, daß die Likörzubereitung nicht für immer in den Händen der bekannten und privilegierten Klöster bleiben konnte. Apotheker, an der Quelle sitzend, tüftelten an neuen Ingredienzien und deren Mischungsverhältnissen herum. Aber auch ihnen entglitt im Laufe der Zeit dieses Vorrecht. Nun kamen eifrige und interessierte Hausfrauen und -männer an die Reihe. Sie verließen sich nicht auf Althergebrachtes, sondern experimentierten, und es entstanden unter anderem neue vortreffliche Kräuterlikör-Rezepte. Hier ein Beispiel aus der Küche; dieser Kräuterlikör als Appetitmacher vor dem Essen oder als Hilfe gegen Verdauungsbeschwerden.

Zubereitung

75 g Tausendgüldenkraut, 90 g Rhabarberwurzel, 50 g getrocknete Wacholderbeeren, 30 g Schafgarbenkraut, 10 g Wermutkraut – alles frisch oder getrocknet. Die Mischung wird mit 1,5 l 60 %igem Alkohol angesetzt und gut verschlossen drei bis sieben Tage an einem warmen Ort stehen gelassen. Zwischendurch ans Schütteln denken. Anschließend eine abgekühlte Zuckerlösung aus 500 g Zucker und 0,5 l Wasser hinzugeben. Nochmals bei täglichem Schütteln eine Woche ruhen lassen und dann filtrieren.

52 Mageninspektor aus Thüringen

Nur kein schlechtes Gewissen – Sie müssen nicht an die Polizei oder den Krimi vom gestrigen Fernsehabend denken; ein Magenlikör wird scherzhaft auch „Mageninspektor" genannt: er untersucht den Magen und hilft dank seiner besonderen Wirkung an den Schwachstellen. Diese Wirkung wird durch die in ihm enthaltenen geschmacks- und charakterbestimmenden Essenzen einheimischer und ausländischer Drogen erreicht. Dies klingt zwar alles sehr medizinisch, dennoch können Magenliköre nicht als Heilmittel angesehen werden.

Zubereitung

Wir benötigen folgende getrocknete Drogen:
25 g Wacholderbeeren,
15 g Pomeranzenschale,
15 g Tausendgüldenkraut,
je 3 g Pfefferminzkraut, Angelikawurzel, Angelikasamen, Anis, Kalmuswurzel und Enzianwurzel, je 2 g Fenchel, Rhabarber, Bitterklee, Liebstöckelwurzel und Safran, je eine Messerspitze Myrrhe, Pimpernellwurzel und Ingwerwurzel. Diese füllt man in eine Flasche und gibt 0,5 l 45 %igen Alkohol hinzu. Gut durchschütteln und zwei Wochen in der Wärme stehen lassen. Dann filtrieren und das Mazerat mit 0,7 l Zuckerlösung und je nach Gewohnheit mit bis zu 2 l 45 %igem Alkohol vermischen.

53 Pfeffer-minzlikör

Droge: Pfefferminze – Mentha piperita

Aufgrund der kühlenden und erfrischenden Wirkung des in der Pfefferminze enthaltenen Öles (mit Menthol) gilt der Pfefferminzlikör (auch „Crème de Menthe" genannt) als bewährtes Hausmittel gegen Magen- und Darmverstimmungen (allerdings nicht bei Magengeschwüren). Sollte das schon Hammurabi, König von Babylonien von 1728 bis 1686 v. Chr., gewußt haben? Hammurabi ist bekannt durch seine auf einen Dioritblock eingemeißelte Gesetzessammlung, die älteste der Welt. Sie wurde 1902 in Susa entdeckt und steht heute im Louvre. Dort können die der babylonischen Schriftzeichen Mächtigen die zahlreichen Hinweise zur Verwendung von Heilpflanzen, beispielsweise Kassie, Bilsenkraut und Minze, nachlesen. Pfefferminzlikör, früher so beliebt wie Curaçao, ist heute etwas in Vergessenheit geraten. Aber es lohnt sich, ein altes Rezept wieder herauszukramen.

Zubereitung

2 l Branntwein werden mit jungen, fein geschnittenen Pfefferminzblättchen vier Wochen in einer Flasche in die Sonne gestellt. Dann seiht man alles durch einen Filter und versüßt es mit einem Glas Wasser, in dem 360 g Zucker gelöst wurden.
Dazu noch einige Tips von heute: Versuchen Sie's doch mal mit Weinbrand oder mit einer Mischung von Branntwein und Himbeergeist als Ansetz-Alkohol. Noch reizvoller im Geschmack wird der Likör durch je einen Schuß Rosenwasser und Wermut. Diese kann man mit der Zuckerlösung zugeben. Und was ist wohl das Zweitwichtigste an diesem Likör? Die Farbe. Da wir ja auch mit den Augen essen, schmeckt der Likör natürlich um so besser, je grüner er ist. Hierfür hilft schon ein kleiner Tropfen Lebensmittelfarbe (muß ja nicht verraten werden). Unsere Großmütter haben in diesen Dingen auch schon immer ein wenig geschummelt.

54 Rautenlikör

Droge: Raute – Ruta graveolens
im Volksmund: *Augenraute, Edelraute, Gartenraute, Hofraute, Krätzraute, Kreuzraute, Totenkraut, Weinkraut, Weinraute*

Wer würde daran denken, daß die Verwandtschaft dieses hübschen, aber relativ kleinen Halbstrauches bis zu 900 Angehörige umfaßt, zu denen sogar die Orangen- und Zitronenbäume gehören! Allerdings hat sich die Raute auch als einzige aus der Familie der Rautengewächse aus den Tropen über die Mittelmeergebiete bis nach Mitteleuropa in die kühleren Regionen vorgewagt. Hier sucht sie natürlich die wärmsten Flecken und fühlt sich am wohlsten auf alten Weinbergmauern, daher der bekannte Beiname „Weinraute". Wenn der Winzer zwischen Juni und August auf seinen Berg geht, um das Gedeihen seiner Rebstöcke zu begutachten, hat er bei der Rückkehr sicher ein Mitbringsel im Korb; die Winzerfrau errät schon am bitter-aromatischen Geruch was es ist: eine Handvoll Rautenblätter, gepflückt vor dem Aufblühen der Pflanze.
Der Rautenlikör ist ein „medizinischer Tropfen", dessen Heilwirkung schon seit langem bekannt ist. Er hilft gegen nervöses Herzklopfen, Kopfschmerzen (besonders wenn sie vom Auge ausgehen), Kreislaufstörungen, Magen- und Darmstörungen. Wie schon angedeutet, wird der Rautenlikör tropfenweise verwendet: man verdünnt 10 Tropfen mit einer Tasse Wasser. Aber was heißt hier Likör? Wo bleibt da der Zucker? Das ist so eine Frage, denn „Manche mögens heiß" – damit meine ich stark: der Zucker wird weggelassen –, muß „Medizin" denn süß sein? Aber je nach Geschmack kann beim Ansetzen etwas normaler Zucker zugefügt werden. Wenn Sie dann einen Rautenlikör-Tropfen probiert haben und nicht mehr davon lassen können, ziehen Sie sich doch das Gewächs im Topf auf der Fensterbank, die Raute läßt es schon mit sich geschehen. Noch wichtige Hinweise zum Sammeln: Die Berührung mit der Pflanze kann bei empfindlichen Menschen allergische Reaktionen hervorrufen. Die Weinraute ist trotz ihrer guten Eigenschaften eine Giftpflanze – deshalb nicht zu hoch dosieren! Schwangere sollten sie ganz meiden.

Zubereitung

Die Handvoll frischer Rautenblätter füllt man locker in eine Flasche und gießt mit 0,5 l Korn auf. Nach sechs bis acht Wochen seiht man den Inhalt ab, und fertig ist die „Likörmedizin".

55 Sieben-Kräuter-Likör

Warum gerade sieben? Schon bei Babyloniern, Persern oder auch Juden spielte die Sieben eine bedeutende Rolle. Denn neben ihrem Rechenwert hatten Zahlen in allen Kulturen und Regionen schon immer einen Symbolwert im Bereich der Mythen, Kulte, der Magie und des Aberglaubens; und „Aberglaube ist die Poesie des Lebens" (Goethe). Vielleicht meinte derjenige meiner Vorfahren, der mir dieses Rezept überließ, gerade mit sieben Kräutern könne er die Wirkung aller Wirkungen erzielen. Man braucht: je 30 g frische Blätter von Kamille, Dost, Minze, Salbei, Basilikum und Rosmarin (mit Stengel).
Um anzudeuten, wofür das alles gut sein kann, einige Hinweise zu den Kräutern. *Minze* und *Salbei* habe ich ja schon vorgestellt.
Über das *Basilikum (Basilienkraut)* gibt es folgendes zu berichten: Das wahrscheinlich aus Indien stammende Lippenblütler-Gewächs wurde von den Kreuzrittern nach Europa gebracht und seit dem 12. Jahrhundert als Topfpflanze, mehr als Würz- denn als Zierpflanze, kultiviert. Die ätherischen Öle wirken krampflösend, beruhigend, blähungs- und schweißtreibend sowie stuhlregulierend. *Dost* (im Volksmund: *Costenz, Dorant, Dosten, Maran, Mutterkraut, Oregano, Origano, Wilder Majoran)* erzielt krampf- und schleimlösende Wirkungen. Die *Kamille* ursprünglich aus den östlichen Mittelmeergebieten kommend, ist bei uns seit langem eingebürgert. Um über diese wertvollste und vielseitig verwendete Heilpflanze alles Heilsame zu erfahren, zitieren wir Adamus Lonicerus (1679): „Ihr Tugend ist weich zu machen und zu sänfftigen. Chamillen mit Wasser gesotten, die gelegt auf harte Geschwer, weichet und sänfftigt den Schmertzen und treibt den Eyter herauß. Chamillenblumen, über Nacht in Wein gelegt, den getruncken, stärcket die Gewerb oder Geleich und benimmt die Lähme. Chamillenblumen gestossen, mit Honig vermischt und eingenommen, bringet Stulgang und treiben damit viel Schleim auß, reinigen auch die Gedärm... Chamillen gesotten und das getruncken nimmt das Keichen und räumet die Brust... Unter allen Badkräutern, so zum Stein dienen, seynd die Chamillenblumen die beste. Das Wasser, darinnen Chamillenblumen gesotten seyn, weichet die Lenden und Blasen und treibt die Materien, darauß der Stein erwächst, herauß." *Rosmarin (Anthoskraut, Antons-* oder *Kranzenkraut, Hochzeitsblümchen, Meertau)* darf auf keinen Fall mit der hochgiftigen Rosmarinheide verwechselt werden. Obwohl Rosmarin ein Gewürzstrauch der Macchie (= Buschwald aus immergrünen Gewächsen) der Mittelmeerländer ist, symbolisiert er bei uns im deutschen Volksbrauchtum Liebe, Treue, Tod und wird bei Taufen und Hochzeiten getragen. Er dient der Erfrischung, denn er ist wichtigster Bestandteil des Kölnisch Wasser. Hat man ihn deshalb gewählt, weil schon der Name „ros marinus = Meertau" einen Bezug zum Wasser hat? Sicher waren den Apothekern und Chemikern zu Köln die Wirkungen bekannt. Äußerlich angewendet gegen Muskelverkrampfungen und neuralgische Beschwerden im Stirn-Schläfen-Nacken-Bereich, wirkt Rosmarin auch galle-, harn- und blähungstreibend, ferner nervenstärkend (sowohl anregend als auch beruhigend)

Zubereitung

Die sieben Kräuter werden in der genannten Menge in ein Glasgefäß gegeben und mit 1 l Weingeist übergossen. Gut verschlossen läßt man das Aufgesetzte in der Wärme zehn bis zwölf Tage stehen und gibt dann die dünn geschälte Schale einer Zitrone hinzu. Nochmals zwei bis drei Tage ruhen lassen. Nun wird aus 1 l Wasser und 1 kg Zucker eine Zuckerlösung hergestellt und abgekühlt zu der Kräuter-Alkohol-Mischung gegeben. Gut durchschütteln, über Nacht durchziehen lassen und am nächsten Morgen filtrieren, abfüllen, und mindestens einen Monat lagern lassen und dann erst probieren.

56 „Träne der Isis" (Eisenkrautlikör)

Droge: Eisenkraut – Verbena officinalis
im Volksmund: *Blauer Sturmhut, Gweihtes Kraut, Isenkraut, Junoträne, Mönchskappe, Sagenkraut, Teufelswurz, Träne der Isis, Venusader, Wundkraut, Wunschkraut*

Für diesen Kräuterlikör brauchen Sie niemanden zu Tränen zu rühren, um diese auffangen zu können, oder vergeblich zu ergründen, wie und wo man die Tränen der Isis finden könnte. Diese wurden inzwischen sicherlich getrocknet. Forschen Sie nicht in der ägyptischen Geschichte, auch nicht in der römischen – das Eisenkraut war der Venus geweiht –, sondern in der deutschen, und verweilen Sie hier ein bißchen im Mittelalter. Denn zu dieser Zeit war das Echte Eisenkraut das Allheilmittel überhaupt. Tabernaemontanus (Jakob Dietrich von Bergzabern) beschreibt im 16. Jahrhundert die „Krafft, Wirckung und Eigenschafft" dieses Krautes. Es hilft bei Müdigkeit, Kopfschmerzen, Depressionen sowie Schlaflosigkeit und ist ein altes Volksheilmittel bei Keuchhusten und Fieberfrost; seine desinfizierende Wirkung wurde und wird bei Mund- und Halserkrankungen eingesetzt.

Wir finden das etwa 60 cm hohe Gewächs mit gekerbten Blättern und sehr schönen, aber etwas unscheinbaren blaßvioletten Blütenähren (Blütezeit Juni – September) am Wegrand, auf Ödland und trockenen Wiesen, an (Burg)-Mauern und auf Schuttplätzen.

Zubereitung

Wir geben das während der Blüte gepflückte ganze Kraut in eine 1 l Flasche, so daß sie zu einem Viertel gefüllt ist, gießen mit 0,7 l Korn auf und lassen sie fest verschlossen zwei Tage stehen. In 0,5 l Wasser, das wir abgekocht haben, lösen wir – noch warm – 125 g Zucker sowie 250 g Honig. Wir filtrieren den Flascheninhalt und geben die Lösung hinzu. Vermischen und in Flaschen abfüllen.

57 Trappisten-likör

Der Trappistenkäse geht wie der Trappistenlikör auf die vielen, vielen Experimente der Trappistenmönche zurück. Dies sind reformierte Zisterzienser, ihr Orden wurde 1664 von le Bouthillier de Rancé in der Abtei La Trappe in Frankreich gegründet. Ihre Lebensweise war und ist äußerst streng: stets Stillschweigen und nur vegetarische Nahrung durch eigene Feldarbeit. Aber trotz aller Strenge konnten sie wohl weltliche Genüsse mit ihrem christlichen Auftrag verbinden. Welch ein Segen für uns normale Erdenbürger.

Zubereitung

Grundlage des Likörs ist ein Mazerat aus je 10 g Angelikawurzel, Pfefferminze und Wermutkraut, 8 g Melisse, je 5 g Kalmuswurzel und Myrrheblättern, je 3 g Kardamom und Zimt und einer Messerspitze von Muskatblüte und Nelken sowie 1 l 40 %igem Alkohol; vierzehn Tage ansetzen und danach filtrieren. Nun kann man dreimal aus diesem Mazerat ein Likörchen zaubern: ein Drittel des Angesetzten mit 1 l reinem Alkohol und 1 l Zuckerlösung vermischen. Wem das zu hochprozentig erscheint, kann ja mit destilliertem Wasser verdünnen.

Fruchtsaft- und Fruchtaromaliköre

58 Apfellikör

Malus domestica

Verkürzen wir bei der Aussprache des lateinischen Wortes „malum" das a, so wird aus der Bezeichnung für den Apfel („Màlum") diejenige für alle möglichen Übelstände und Gebrechen bis hin zum Laster (Malum): das Süße wandelt sich in den sprichwörtlichen „sauren Apfel", in den wir notgedrungen beißen. Entsprechend mehrdeutig ist die Verwendung des Apfels in Kultur und Kunst. Im Altertum bildete er (zumeist in Gestalt des Granatapfels mit seinen zahlreichen Kernen) als Symbol der Fruchtbarkeit das Attribut verschiedener Gottheiten; die goldenen Äpfel der Hesperiden sind die Früchte der Unsterblichkeit, die Äpfel der nordischen Göttin Iduna verliehen neue Jugend. Als Reichsinsignie symbolisiert der (Reichs-)Apfel in der Linken der Könige und Kaiser deren Herrschaft(sanspruch) – schon eine Münze des Augustus zeigt drei Kugeln als Sinnbilder der drei von Rom beherrschten Erdteile Europa, Afrika und Asien. Als Symbol der Erde ist der Apfel in der christlichen Kunst zugleich Symbol des Irdischen und somit Verwerflichen. Die Bibel selbst läßt freilich offen, mit welcher Art von Frucht die Schlange Eva und diese wiederum Adam verführt hat: je nach der Heimat der Künstler wurde der Baum der Erkenntnis als Apfelbaum, Feigenbaum, Kirschbaum, als Weinstock oder ganz allgemein als Baum mit Phantasiefrüchten dargestellt. In gleichsam freundlich abgeschwächter Form verwendet Goethe den Apfel als Sinnbild der Verlockung in den Versen: „Früchte bringet das Leben dem Mann; doch hängen sie selten rot und lustig am Zweig, wie uns der Apfel begrüßt." (Um bei den Klassikern zu bleiben: Schiller, dessen Vater sich um die Apfelzucht verdient gemacht hat, wurde nach eigenem Bekunden durch den Duft leicht angefaulter Äpfel inspiriert.) Uns bringt jedes Schlückchen des Apfellikörs ein Stück paradiesisches Wohlbehagen. Denn alle heute bei uns bekannten Apfelsorten, wie Klarapfel, James Grieve, Goldparmäne, Cox Orange (aus England) oder auch Schöner von Boskoop (aus Holland) gehen auf den im Orient heimischen Paradies- oder Johannisapfel zurück.

Zubereitung

500 bis 750 g Tafeläpfel werden gerieben, und zwar mit Schale und Kernhaus – wir wollen uns ja nicht um die wertvollen Säuren bringen, die darin enthalten sind. Man gibt die Fruchtmasse in ein großes Weckglas, übergießt mit 0,5 l Alkohol (mind. 38 Vol.%, am besten Obstler) und fügt eine halbe Stange Vanille oder 1 Teelöffel Anis hinzu. Das Weckglas wird mit Ring, Deckel und Klammer gut verschlossen und für vierzehn Tage ins Dunkle gestellt. Die dann abfiltrierte Flüssigkeit wird mit Zuckerlösung je nach Geschmack (etwa 600 g Zucker in 400 g Wasser kochend gelöst) vermischt. Der Likör wurde von Tantchen mit einigen Tropfen Speisefarbe grün oder gelb gefärbt.

59 Aprikosen-likör (1)

Prunus armeniaca

„O Trank voll süßer Labe!" Bei jedem Schluck dieses lieblichen Likörs werden wir von einem gewissen Zauber eingefangen, bei jedem Tropfen glauben wir, Poesie zu hören. Wir meinen, einen Hauch von fernöstlichem Flair, einen Schluck Sonne und Wärme zu trinken, wenn wir uns dem Genuß dieses köstlichen Likörs hingeben. Nicht nur wir schwärmen von der Aprikose, schon die alten Asiaten schätzten sie wegen ihrer Lieblichkeit. Bei ihnen lernte sie auch Alexander der Große kennen und nahm sie auf abenteuerlichen Pfaden mit nach Europa. Seit 2000 Jahren ist die Aprikose nun unsere „Frühreife" (französisch „abricot" aus lateinisch „praecox = frühreif"). Zuerst erfreut uns ihre sehr frühe Blütenpracht in weiß bis rosa. Haben Sie einmal die Aprikosenblüten über einem Weinberg erlebt? Es ist wie ein zarter Schleier, der sich wie ein Brautkleid über die noch schlafenden Reben breitet. Später dürfen wir sie als erste von allen Früchten genießen und uns an der unvergleichlichen Frische laben. Ein Likör aus Aprikosen ist ein Kleinod! Wenn Sie den ersten Schluck probiert haben, werden Sie verstehen, warum die österreichische Wachau ihren Marillenlikör über alles liebt. Aber auch im Tessin, Wallis, Böhmerwald, in Südfrankreich und natürlich in Ungarn erfreut man sich an ihrer aromatischen Zartheit. In Ungarn wird allerdings in erster Linie „Barack Palinka", also ein Geist, hergestellt. Ein lieblich samtiger Geist, so verführerisch wie eine süße Schwester.

Zubereitung

500 g frische Aprikosen werden halbiert und entsteint, wobei dreiviertel der Steine zurückbehalten werden. Geben Sie die Früchte in einen Topf, zusammen mit 1 Teelöffel Nelkenpfeffer (gemahlen), 500 g Zucker und 1 l trockenen Weißwein. Bringen Sie alles unter Umrühren zum Kochen. Hat sich der Zucker aufgelöst, nehmen Sie den Topf vom Herd und rühren 0,7 l Obstler (es geht auch Gin) dazu. Knacken Sie die Aprikosensteine und enthäuten Sie dann die Kerne (aber wegen des Blausäuregehaltes nicht essen). Das Enthäuten wird erleichtert, wenn man die Kerne wie Mandeln mit kochendem Wasser überbrüht. Die Kerne und das Frucht-Alkohol-Gemisch kommen in ein Gefäß, das gut verschlossen eine Woche stehen bleibt. Dann wird abfiltriert – drücken Sie das Fruchtmus gut aus. In Flaschen abfüllen, gut verschließen und dann noch einen Monat lagern lassen. Auf dieselbe Weise kann man auch einen Pfirsichlikör herstellen.

60 Aprikosen-likör (2)

Damit wir im Winter nicht auf ihn verzichten müssen, falls wir im Sommer mal keine Zeit hatten, hier ein Rezept aus getrockneten Aprikosen. Wissen Sie auch, was Sie Ihrem Gast kredenzen müssen, wenn er Sie um einen „pony apricot brandy" bittet? Es hat partout nichts mit Pferden zu tun. „Pony" bedeutet in diesem Zusammenhang das gleiche wie das französische „petit verre", zu deutsch „sehr kleines Glas". Also reichen Sie ihm ein kleines Gläschen Aprikosenlikör. Hierbei müßte Ihr Likör dann auch noch einen Anteil Aprikosengeist beinhalten, denn das besagt das Wörtchen „brandy". Aber Ihrem Gast wird der Likör auch ohne den spezifischen Geist schmecken.

Zubereitung

500 g getrocknete Aprikosen werden kurz in heißem Wasser gewaschen und nach dem Abtropfen in schmale Streifen geschnitten. Nun werden die Fruchtstreifen mit ¼ l Wasser, 250 g weißem Kandiszucker und 1 l Weinbrand (40 Vol.%) zusammen in ein Gefäß gegeben, verschlossen und für zwei Wochen in die Sonne gestellt. Ab und zu schütteln. Danach abfiltrieren und die Fruchtscheiben auspressen oder zu einer Süßspeise reichen.

61 Birnenlikör

Pyrus communis

Das Sprichwort „Man kann nicht Äpfel und Birnen von einem Baum schütteln" hat schon seine Richtigkeit, aber dennoch sind Apfel und Birne sehr eng miteinander verwandt. Beide sind die Früchte der Kinder, beide tauchen immer wieder in Reimen, Versen oder Geschichten auf: „Spannenlanger Hansel, nudeldicke Dirn, gehn wir in den Garten, schütteln wir die Birn . . ."; oder wer kennt nicht die Geschichte Fontanes, die so wunderbar mit wenigen Worten die Gegend dort widerspiegelt: „Herr von Ribbeck auf Ribbeck im Havelland, ein Birnbaum in seinem Garten stand . . ." Sie gehört zu den Rosengewächsen, unsere Kultur- und Gartenbirne. Verschiedene asiatische Arten und die wilde Holz-Birne machten sie zu dem, was sie heute ist. Für die richtige „Ernährung" sorgt bei ihr allerdings sehr oft die Quitte; damit meine ich, daß eine Pfropfung (Veredelung) häufig auf die Quitte vorgenommen wird. Beim Studieren eines Pflanzenkataloges findet man viele wohlklingende Birnennamen: „Frühe aus Trévoux", „Williams Christbirne", „Gute Luise aus Avranches", „Gellerts Butterbirne" (wohl nach dem Schriftsteller Christian Fürchtegott Gellert benannt), „Köstliche aus Charneu" oder „Alexander Lucas". Die Pflanzenzüchter haben als Ziel die Einheit von Apfel und Birne. 1935 gelang eine erste Kreuzung; mal sehen, wann wir hineinbeißen können in einen oder eine Apfirne, Birnapfel, Apirne, Abirnfel . . .? Doch bleiben wir vorerst bei der Birne solo.

Zubereitung

Schneiden Sie 500 g reife, aromatische Birnen in kleine Stücke. Diese müssen wir sofort in 0,35 l 96 %igen Alkohol legen, damit sie nicht durch den Sauerstoff braun werden; auch würde das Aroma leiden. Hinzu kommen noch 2 g Gelatine, dann wird alles gut verschlossen vierzehn Tage stehen gelassen. Falls Sie es mögen, geben Sie noch ein Stückchen Ingwer oder etwas Zitronensaft dazu. Nach dem Abfiltrieren kommen je 0,02 l Weinbrand und 40 %iger Weißer Rum sowie 0,3 l Zuckerlösung (300 g Zucker in 0,15 l Wasser kochend gelöst) hinzu. Dann wird mit destilliertem Wasser auf 1 l aufgegossen. Alles gut durchschütteln und vier Wochen ruhen lassen. Falls sich noch Satz gebildet hat, nochmals durch einen Papierfilter geben.

62 Brombeer-likör

Rubus fruticosus

Wie auch ihre liebliche Schwester, die Himbeere, gehört die Brombeere zu der kosmopolitischen Familie der Rosazeen (Rosengewächse). Das Aroma ihrer schwarzvioletten Früchte hat eine gewisse zärtliche Bitternis, aus der der Geruch des Waldes förmlich herausschmeckt. Sie ergeben einen säuerlichen und so tiefroten Saft, daß er zum Färben des Weines genommen wird. Als Volksheilmittel früher zur Bekämpfung von Mundfäule und Blutflüssen eingesetzt, wird er heute als magenstärkendes und blutbildendes Mittel verwendet. Er ist reich an Vitaminen und organischen Säuren. Dank des wundervollen Aromas gibt es natürlich auch wundervolle Liköre. Der bekannteste Vertreter unter den Brombeerlikören ist die „Kroatzbeere", benannt nach dem alten schlesischen Wort für Brombeere. Wie werden Sie Ihren nennen?

Zubereitung

Sie benötigen 500 g Brombeeren, die Sie gut waschen und abtropfen lassen. Diese geben Sie mit ½ l Brombeersaft (gewonnen mittels einer Saftzentrifuge auf kaltem Wege oder durch Erhitzen der Früchte mit Wasser und anschließendem Abfiltrieren bei Auspressen der Früchte), 500 g weißem Kandiszucker, einer Stange Zimt, einigen Gewürznelken und 1 l Obstler oder Korn in ein Gefäß. Es muß gut durchgeschüttelt werden, und das täglich, sechs bis acht Wochen lang, während es auf einem sonnigen Fensterbrett Platz genommen hat. Dann wird abfiltriert und dem Likör noch einige Wochen Ruhe gegönnt.

63 Ebereschen-likör

Sorbus aucuparia

Seit dem 15. Jahrhundert kennt man sie, die Eberesche, ihre Herkunft aber ist unbekannt. Eines weiß man allerdings: sie hat absolut nichts mit dem Eber zu tun. Etymologisch schließt man das seit dem 15. Jahrhundert bekannte „eberborum" an das „eburos = Eibe" an. Wohl deshalb, weil beide Bäume durch rote Beeren gekennzeichnet sind. Und das „eschen" bedeutet „aus Eschenholz"; dies vielleicht wegen des ähnlich aussehenden Blattwerks. Esche wie Eberesche haben gegenständig und unpaarig gefiederte Blätter. Suchen wir die „wilde" Eberesche, um unseren Likör anzusetzen, so gibt es auch eine kultivierte Eberesche (Sorbus aucuparia var. edulis) mit größeren und süßeren Früchten. Man entdeckte sie Anfang des 19. Jahrhunderts per Zufall in Mähren und bekommt sie heute in Gärtnereien.
Ganz zu Unrecht wird ein Ebereschenlikör als „Herrenlikör" tituliert, wenn es das überhaupt gibt. Lieben denn nicht auch die Evastöchter mitunter das Herbe? Der Ebereschenlikör schlechthin ist der „Jarcebinka" aus Osteuropa. Seinen besonderen Geist erhält er vom „Jarcebiak", dem Ebereschenbranntwein.

Zubereitung

Wir verwenden, wie schon beim Ebereschengeist, die „süßreifen" Früchte; etwa ab Oktober, nachdem der erste Frost sie berührt hat. Wir zerdrücken 1 kg mit der Gabel etwas und übergießen mit 1 l 96 – 98 %igem Alkohol. Das Gefäß wird gut verschlossen für mindestens acht Wochen in die Sonne gestellt. Dann wird eine Zuckerlösung aus 400 g Zucker und ½ l Wasser hergestellt und noch heiß zu dem Extrakt gegeben. Nochmals zwei bis drei Tage ruhen lassen und dann filtrieren. Und nochmals kostet der Likör Zeit, er möchte mindestens weitere acht Wochen ruhen. Wenn Sie den Geschmack Ihres Likörs noch etwas bitterer und erfrischender gestalten möchten, geben Sie beim Ansetzen etwas Chinarinde hinzu. Dies ist die Rinde des Chinarindenbaumes, der überhaupt nicht in China wächst, sondern seinen Namen von peruanischen Indianern erhielt, die ihn „Quinaquina" nannten. Da die Rinde Chinin enthält, war sie seit dem 17. Jahrhundert als Fiebermittel von großer Bedeutung.

64 Erdbeerlikör

Fragaria ananassa

Jeder Hobbygärtner, neuerdings auch Balkongärtner, ist stolz auf seine in Reih und Glied geordneten Erdbeerpflänzchen oder auch -töpfchen. Was echt Deutsches, würde man meinen, aber die Stammeltern unserer Erdbeeren sind nicht nur europäischer, sondern auch süd- und nordamerikanischer Natur. Was der Spargel unter seinen Gemüsekollegen ist, ist die Erdbeere neben der Melone unter den Früchten: äußerst wasserhaltig (90%). Dadurch werden Magensaftsekretion und Darmtätigkeit angeregt. Bei „Magen" fällt mir ein netter Passus in Karl Hüllwecks „Fridolin" ein: „Oder warum füllt er (Gott) nicht bloß den Magen, sondern gibt sich die unrentable Mühe, obendrein das menschliche Auge mit Sonnenaufgängen, Meeresleuchten, blühenden Wiesen und freundlichen Rebhügeln zu sättigen? A propos, nicht nur die Augen, vielmehr: . . . auch den Gaumen, der, wie ich füglich vor jedermann behaupte, zum wenigsten seelische Pigmente besitzt." Das muß doch sofort mit einem Schluck Erdbeerlikör überprüft werden!

Zubereitung

500 g aromatische Erdbeeren werden geputzt, gewaschen und trockengetupft. Eine Orange (muß nicht sein, schmeckt aber besser) wird ganz dünn geschält. Diese dünne, ungespritzte Schale wird mit den Erdbeeren in ein Glas gegeben. Die Orangenfrucht muß von der weißen Haut befreit, in kleine Stücke geschnitten und hinzugefügt werden. Es kommen noch 250 bis 300 g weißer Kandiszucker und 50 g Mandeln, in Scheiben oder Streifen geschnitten, sowie 1 l 40 %iger Weinbrand hinzu. Das Glas wird gut verschlossen und oft geschüttelt. Vier Wochen lang stehen lassen und dann filtrieren. Nach zwei Wochen Ruhezeit immer kühl und dunkel lagern.

65 Hagebutten-likör

Rosa canina

Hagebutten, verarbeitet zu Tee, Marmelade oder auch Wein, sind allerorts bekannt; nur der Hagebuttenlikör – wie auch seine „rauhe" Variante, der Hagebuttengeist, ist zu unrecht ein Stiefkind. Für diesen Tropfen mit fruchtigem, südweinähnlichen Geschmack benötigen wir 500 g Hagebutten. Um ein umso besseres Ergebnis zu erzielen, warten wir, bis sie richtig reif, aber noch prall sind. Auch sollten uns die Dornen, die ja eigentlich Stacheln sind, nicht verdrießen. Eine arabische Spruchweisheit lautet: „Verdrieße dich nicht darüber, daß der Rosenstrauch Dornen trägt, sondern freue dich darüber, daß der Dornenstrauch Rosen trägt". Und wir freuen uns, daß er Hagebutten trägt.
Haben Sie mal zu viel Hagebutten gesammelt und wollen sie zum Beispiel als Tee trocknen, dann nur mit Temperaturen bis 50° C, am besten jedoch ohne künstliche Temperatur, im Schatten. Vor dem Trocknen halbieren Sie die Hagebutten.

Zubereitung

500 g Hagebutten werden gewaschen, gut abgetrocknet und zerkleinert. Nehmen Sie die ganzen Scheinfrüchte, also mit „Kernen". Beim Pflücken haben wir auch noch Ausschau nach roten duftenden Rosenblättern gehalten. Gebraucht werden ¼ l. Sie sind für diesen Likör nicht Bedingung, steigern aber das Aroma. Nun werden Hagebutten und Rosenblätter mit 150 bis 200 g weißem Kandiszucker in eine Flasche gegeben und mit 0,7 l Obstler oder Doppelkorn aufgesetzt. Gut verschlossen bleibt die Flasche vier bis sechs Wochen lang an einer warmen Stelle stehen und wird täglich geschüttelt; danach abfiltrieren und längere Zeit lagern.

66 Heidelbeer-likör (1)

Vaccinium myrtillus

Wenn Sie diesen Likör zubereiten möchten, aber nicht wissen, wo Sie die Beeren finden, dann lesen Sie „Hänschen im Blaubeerenwald", eine schwedische Erzählung von Elsa Beskow: Hänschen trifft den „Blaubeeren Mann, den König im Blaubeeren Wald", und dieser füllt im Handumdrehen Hänschens Körbe mit Blaubeeren. Ob Sie auch so ein Glück haben werden? Versuchen Sie's im Juli bis September in Wald und Heide, oder pflanzen Sie die Kulturform in Ihrem Garten. Allerdings werden Sie bei dieser das volle Aroma vermissen. Haben Sie Glück und sind reicher Sammler geworden, dann essen Sie nicht alle auf einmal – nicht wegen des Likörs! Nein, frisch in größeren Mengen gegessen, provozieren sie einen ganz ordentlichen Durchfall. Dagegen sind die getrockneten Beeren wegen ihrer Gerbsäure ein beachtliches Mittel gegen Durchfall!
Je älter, desto besser ist der Heidelbeerlikör, ein angenehmer säuerlich-süßer, etwas herber Genuß. Ganz exquisit wird er, wenn Sie Beeren aus nordeuropäischen Ländern verwenden. Dort reifen die besten. Also planen Sie mindestens einen Heidelbeer-Aufgesetzten bei Ihrem nächsten Urlaub, zum Beispiel in Schweden, ein.

Zubereitung

500 g Blaubeeren werden zerdrückt und mit 400 bis 500 g Zucker in ein Weithalsgefäß gegeben. Hinzu kommen der Saft einer Zitrone, 1 Gläschen Rum und 0,7 l Obstler oder Doppelkorn. Köstlich wird es, wenn Sie 2 Gewürznelken und eine ½ Zimtstange oder die Schale einer Apfelsine beifügen. Gut schütteln und zwei bis drei Wochen ziehen lassen, wenn es geht, in der Sonne. Dann filtrieren und lange, lange lagern lassen.

67 Heidelbeer-likör (2)

Vaccinium myrtillus

Nun mal wieder ein „medizinischer" Tropfen; das Rezept stammt aus einem alten Biedermeierbuch von M. Trieb und heißt „Liqueur für Magenschwäche"; bei uns ist es der Heidelbeerlikör Nr. 2.

Zubereitung

4 Eßlöffel voll gedörrter Heidelbeeren, 1 Loth Zimmt, einige Nelken und etwas Kalmuswurzel werden mit einer Maas Kirschwasser und 12 Loth gestoßenem Zucker in einer Flasche acht bis zehn Tage an der Sonne bzw. im Winter an den Ofen gestellt, dann filtriert, in Flaschen gethan, gut zugemacht und aufbewahrt. Ein am Magen leidender Mensch kann nach dem Essen einen Eßlöffel voll nehmen. Als Erklärung für die heutige Zubereitung: 1 Maas = 1 – 2 l; 1 Loth entspricht 1/30 Pfund bzw. 1/32 Pfund, das sind 16,7 g bzw. 15,6 g (s. auch Nr. 41).

68 Himbeer-likör

Rubus idaeus

Vor allem im Schwarzwald, im Elsaß und in der Schweiz weiß man den edlen Duft der Früchte, gebunden an ein faszinierendes Aroma, zu schätzen und in Geist umzusetzen. Von hier kommen die edlen Himbeerwässer. Aber auch Liköre werden hergestellt. Aus Frankreich kommt „Crème de Framboises", ein feiner Himbeerlikör, der allerdings das zarte Feuer des Geistes nicht mehr in sich hat. Edel ist auch ein „Lakka", ein Likör aus Nordeuropa. Auch „nur" der Saft der Himbeere ist ein Hochgenuß. Früher wurde er in jeder Apotheke wegen seiner stärkenden Wirkung verkauft. Heute findet man ihn höchstens im Reformhaus als „Muttersaft". Er hilft bei Übelkeit, Nervenschmerzen, Blutarmut und Schwäche. Wir stärken Herz und Kreislauf mit dem Ergebnis des folgenden Rezeptes.

Zubereitung

2,5 kg Himbeeren läßt man in 1 l herben Rotwein einen Tag und eine Nacht in einem größeren Kochtopf ziehen. Auf einen Liter Flüssigkeit werden dann 1,25 kg Zucker zugegeben. Dann wird alles zum Kochen gebracht und vom Herd genommem. Abgekühlt gibt man es durch einen Filter. Ein Prosit auf die Gesundheit!

Möchten Sie's nicht so heilkräfig, dann setzen Sie einfach 500 g Himbeeren mit 200 g weißem Kandiszucker und 0,7 l Obstler (40 Vol.%) an. Für vierzehn Tage in die Sonne bei täglichem Schütteln, und dann abfiltrieren. Sie werden auch hiermit zufrieden sein. Bei beiden Rezepten müssen die Himbeeren gut getrocknet sein, und beide Liköre müssen kühl gelagert werden.

69 Holunder-beerenlikör

Sambucus nigra

Die Lobeshymne auf den Holunder beginnt bereits im 4. Jahrhundert v. Chr. Hippokrates, „Vater der Medizin", verordnete schon Holunderbeeren. Ca. 500 Jahre später stand Galen (Leibarzt des Kaisers Mark Aurel) ihm diesbezüglich in nichts nach. Plinius riet, die Beeren auch zum Haarefärben zu benutzen, und Apicius konnte als Küchenmeister des römischen Kaisers Tiberius einen wundervollen Auflauf aus Holunderbeeren, Eiern, Rosinen, Öl, Fischlake und Pfeffer zubereiten. So könnte man die Liste fortführen. Deshalb sollten auch wir aus einem alten Volksheilmittel einen Genuß für den Gaumen ansetzen.

Übrigens: die Holunderbeeren sind gar keine Beeren, sondern beerenähnliche Steinfrüchte mit je drei bis fünf Steinkernen. Dabei erscheinen sie doch als so zart.

Achtung: Rohe Früchte können gelegentlich Übelkeit, Erbrechen und Durchfall verursachen.

Was man ebensowenig vermutet, ist die Kraft, die in den Wurzeln des Holunderstrauchs steckt. Der meist krumme Stamm erwächst aus stark verästelten Wurzeln, die sogar Mauern durchdringen können. Und oft ist er da zu finden: an Mauern von Stallungen, Speichern oder Wohnhäusern. Denn man glaubte im Volksmund, daß im Holunder beschützende Hausgötter wohnen würden.

Zubereitung

Von September an wird eine Literflasche zur Hälfte mit reifen Holunderbeeren (vorher gewaschen, von der Dolde gezupft und getrocknet) gefüllt und dann mit Obstler aufgegossen. Die Flasche wird gut verschlossen für vier bis fünf Wochen in die Sonne gestellt. Danach filtriert man ab und vermischt das Mazerat mit einer Zuckerlösung aus 125 g Zucker und 0,5 l Wasser. Gut schütteln und noch etwas lagern.

70 Honig-Frucht-Likör

Im Teil „Sonstige Liköre" finden Sie auch einen Honiglikör, und zwar einen typischen, den „Bärenfang". Dies Rezept hier ist etwas anders. Allein schon aufgrund seines Honiganteils ist dieser Likör ein außerordentliches Kräftigungsmittel. Wegen seiner Enzyme und würzigen Stoffe darf Honig niemals über 40° C erhitzt werden. Das sollten Sie beim Auflösen des Zucker-Honig-Gemisches beachten. Es ist schade, daß Honigliköre höchstens in typischen Honiggebieten anzutreffen sind. Denn schon vor mehr als 1000 Jahren kannte man die göttliche Verbindung von Honig und Alkohol, den Honigwein oder Met. Einige Bauern Nord- und Osteuropas sollen in dieser Hinsicht auch heute noch göttlich leben: sie gönnen sich ab und zu einen Tropfen „Met".

Zubereitung

1 kg Früchte (Sie können Kirschen, Pfirsiche oder Mirabellen nehmen) wird mit 0,5 l Alkohol (96 – 98 %ig) angesetzt. Dazu haben Sie die Früchte zerkleinert und einige Kerne der aufgeschlagenen Steine hinzugefügt. Das Gefäß mit dieser Frucht-Alkohol-Mischung stellen Sie für zehn bis vierzehn Tage in die Sonne. Öfter mal schütteln. Dann erhitzen Sie 0,5 l Wasser mit 500 g Honig sowie 250 g Zucker in einem Wasserbad, bis sich Honig und Zucker gelöst haben. Die noch heiße Honig-Zucker-Lösung wird zu der Fruchtmischung gegeben und mit dieser gründlich vermischt. Über Nacht stehenlassen, dann filtrieren und abfüllen. Zwei bis drei Monate Lagerzeit werden dem Likör sehr gut tun.

71 Johannisbeerlikör

Ribes nigrum

Die Johannisbeere am Hochstamm, weiß, rot oder schwarz reifend, ist für mich der Inbegriff des Biedermeiers. Ich sehe das Interieur einer weinumrankten Laube, in der ein zartes Mädchen mit einem Korb voll Johannisbeeren sitzt und gefühlvoll mit einer Silbergabel die einzelnen Beeren von den Stielen streift. Umhüllt wird dieses Bild von einer frischen, würzigen Frühsommerluft, in der sich auch Bienen und Schmetterlinge tummeln. Ein harmonischer, friedfertiger Anblick, von dem man nicht lassen möchte. Obwohl, einige Jahrzehnte später hat Rainer Maria Rilke in „Die Aufzeichnungen des Malte Laurids Brigge" solch einer Szene zwei Seiten gewidmet: „. . . Es war so glücklich erfunden, gerade dies zu tun, und genau so, wie sie es tat. Ihre im Schattigen hellen Hände arbeiteten einander so leicht und einig zu, und vor der Gabel sprangen mutwillig die runden Beeren her, in die mit tauduffem Weinblatt ausgelegte Schale hinein, wo schon andere sich häuften, rote und blonde, glanzlichternd, mit gesunden Kernen im herben Innern. Ich wünsche unter diesen Umständen nichts als zuzusehen."

Ein Johannisbeer-Aufgesetzter wird viel in Westfalen gemacht. Aber hier nimmt man nicht so profanen Alkohol wie Obstler oder Korn. Hier wird das sogenannte „Wiedertäuferwasser" genommen. Es ist zwar auch nur ein Korn, aber eben ein Münsterländer Korn. Aus diesen Beeren entsteht noch etwas ganz besonderes: „Crème de Cassis", einer der berühmtesten Liköre Frankreichs. Seine Basis ist der Cassisbrand, der das feine, zugleich weich und herbe, feurige und belebende Liköraroma mitbestimmt. Nicht nur das Aroma, der Duft allein ist schon betörend. Und dieser einmalige Tropfen erfuhr noch eine Steigerung. Vor längerer Zeit hat ein Bürgermeister der Stadt Dijon, Abbé Kir (er war wohl Don Camillo und Peppone in einer Person), Cassislikör mit weißem Meursaultwein vermischt. Er „entdeckte" einen Aperitif, der nach ihm benannt wurde. Eigentlich hat aber gar nicht er ihn entdeckt. Wahrscheinlich war ihm lediglich das Rezept eines alten Aperitifs mit Namen „Rince Cochon" bekannt. Und dieser Name bedeutet etwa „Trank, die Eingeweide reinigend" – was damals wohl wenige Leute zum Trinken stimulierte.

Zubereitung

Sie zupfen 1 l vollständige reife schwarze Johannisbeeren, zerquetschen sie mit einer Gabel und geben sie in eine Flasche, zusammen mit 1 Stange Zimt und 2 l Kirschwasser (verwendbar sind auch Obstler oder Doppelkorn). Man kann auch variieren und statt Zimt 1 Stange Vanille hinzufügen. Gut verschlossen stellen Sie die Flasche für vier Wochen in die Sonne, wobei Sie ab und zu ans Schütteln denken. Dann wird filtriert. Den „Johannisbeer-Geist" vermischen Sie nun mit 700 g Zucker, schütteln gut durch und lagern den Likör zumindest so lange, bis der Zucker vollständig gelöst ist; auch hierbei immer gut durchschütteln.

72 Kirschlikör (1)

Cerasus avium, Cerasus vulgaris

Erst weiß wie Schnee, dann grün wie Klee, dann rot wie Blut, schmeckt allen Kindern gut. Das kann natürlich nur die Kirsche sein. Sie, die zu den Pflaumen- und Steinobstgewächsen gehört, finden wir überall in den gemäßigten Gebieten unserer Nordhalbkugel. Wir unterscheiden zwei Arten: die Sauer- oder Weichselkirsche *(Cerasus vulgaris)* und die Süßkirsche *(Cerasus avium)*. Letztere nahm seit der Eisenzeit eine Entwicklung von der Wildform bis hin zur Kulturform. Heute kennen wir bei den Süßkirschen schwarze, rote, gelbe Herz- und Knorpelkirschen. Bei den Sauerkirschen sind uns die hellen Amarellen, die Glaskirschen (Ammern) sowie Süßweichseln und Morellen bekannt. Die Letztgenannten (beide haben eine vollrote Farbe) entstammen Kreuzungen aus Süßkirsche und Strauchweichsel, die man im 17. Jahrhundert in Frankreich unternahm. Zu den Strauchweichseln gehört auch unsere bekannte Schattenmorelle, die sich im Schatten aber gar nicht wohl fühlt: Ihr Name kommt vielmehr aus dem Französischen, und zwar abgeleitet von „château" („Schloß"). Parallel zu den immer besser werdenden Kreuzungsergebnissen wurden auch immer besser schmeckende Liköre aus diesen Steinfrüchten gemeistert. Bekannt sind heute der aus Osteuropa kommende „Nalewka", ein Kirschgewürzlikör aus dem Saft der Weichselkirschen; man gibt aber noch Saft von Apfel, Quitte und Pflaume hinzu, um ein gewisses säuerliches Aroma zu erreichen. Und der „Ratafia de Grenoble", der eigentliche „Ratafia" (der Markenname wurde mit der Zeit zum Gattungsnamen), ein Kirschgewürzlikör aus einer süßen schwarzen Kirsche. Unter Ratafia versteht man heute generell süße Fruchtsaftliköre. Aber auch von einem Meier-, Müller- oder Schulze-, kurz: von Ihrem eigenen Kirschlikör wird jeder Gast begeistert sein. Hier nun zwei aus dem überreichen Angebot an Rezepten, ein drittes finden Sie als Nr. 102.

Zubereitung

Liqueur von Kirschen: 1 kg Kirschen, halb süße, halb saure, werden abgestielt, entkernt und die Kerne zerstoßen; beides wird in ein großes Gefäß gefüllt. Hinzu kommen 1 Tasse schwarze Johannisbeeren, 3 g Zimt und eine halbe Vanillestange (eventuell 8 g Nelken). Nachdem man 1 l Obstler (am besten ist natürlich selbstgemachter Kirschschnaps) oder Doppelkorn aufgegossen hat, läßt man das Gefäß gut verschlossen drei bis vier Wochen in der Sonne stehen. (In Ostfriesland greift man auf Landwein, d. h. „Korn", zurück; das Ergebnis heißt nicht „Liqueur von Kirschen", sondern „Karsenbranntwein".) Anschließend gießt man den Saft durch ein feines Tuch, mischt dann eine Zuckerlösung (300 g Zucker in ⅛ l Wasser aufgekocht) darunter und schüttelt kräftig durch. Die fertig gefüllten Flaschen bringt man an einen kühlen Ort. Die abgegossenen Kirschen – Sie müssen sie nun allerdings zwischen den Kernen herauspicken – sind eine „berauschende" Beigabe zum Flammeri oder Eis.

73 Kirschlikör (2)

Cerasus avium, Cerasus vulgaris

Wenn Sie Kirschen im Garten haben oder sonst irgendwo einen halbwild wachsenden Baum plündern dürfen, werden Sie sicherlich auch Kirschen einkochen oder leckere Marmelade bereiten. Dabei fällt dann leider oft sehr viel Abfall, wie Steine mit dranhängendem Fruchtfleisch, sowie etwas Saft an. Für diesen wertvollen Abfall hier nun ein Rezept zur Resteverwertung. Sie brauchen hierfür nur Kerne bzw. Steine. Wenn Sie also mal gesaftet haben, bietet sich dieser „Kirschlikör, mal anders" an.

Zubereitung

Es werden 500 g Kirschkerne (frühestens ab Mai) aufgeschlagen und mit 40 – 50 %igem Obstler bedeckt. Ab Mitte Juli stehen Ihnen auch Aprikosenkerne zur Verfügung. Davon werden 200 g benötigt, aufgeschlagen und die „Mandeln" herausgenommen und zu den Kirschkernen gegeben. Notfalls nochmals mit Alkohol aufgießen. Insgesamt wird man ca. 0,7 l Alkohol benötigen. Nun läßt man alles acht Wochen ziehen – und Sie wissen ja, das Schütteln nicht vergessen! Dann abfiltrieren (vom Filtratrückstand aber wegen Blausäuregehalt nichts essen) und mit einer Zuckerlösung (750 g Zucker in 0,5 l Wasser kochend gelöst) vermischen. Gut durchschütteln und kühl aufbewahren.

74 Kornelkirschlikör

Cornus mas

im Volksmund: *Dirlitzen, Dürlitzen, Gelber Hartriegel, Herlitzen, Judenkirsche, Kratzbeere*

Die Kornelkirsche ist bei uns zu Unrecht nur als Garten-Zierstrauch bekannt. Bislang war hinsichtlich ihrer Verwertung nur das Holz von Interesse, aber davon später. Dort, wo die Kornelkirsche auch wild vorkommt, in Kalkgebieten und trockenen Laubgehölzen vornehmlich Südeuropas und des Vorderen Orients, da hat man sie kultiviert. Und dort versteht man auch, aus den länglichen scharlach- bis kirschroten, süß-säuerlichen Steinbeeren („Dirndl") eine besondere Limonade zuzubereiten. Gemeint ist „Sorbet" (= „Scherbet" oder „Sherbet-Schnee-Eis"), eine Erfindung der alten Perser, das als Eisgetränk aus stark gesüßtem Fruchtsaft (Kornel oder Granat), geschlagenem Eiweiß oder Schlagsahne und mit Likör oder Branntwein abgeschmeckt, nicht nur den Orientalen mundet. Kornelkerne dienten dann später auch als Kaffee-Ersatz.

Das Holz der Kornelkirsche war schon in der Antike sehr geschätzt. Wenn man Homer Glauben schenken darf, schnitzten die Griechen ihre Wurfspeere aus diesem Holz. Später gab es dann die sogenannten „Ziegenhainer"; so bezeichneten die Studenten einen derben Knotenstock, benannt nach dem Jenaer Vorort Ziegenhain. Aufgrund des Vitamin-C-Gehaltes, des Zucker- und Säuregehaltes ist die Frucht auch bei uns eine Entdeckung wert. Machen wir uns zu Vorreitern und sammeln im September und Oktober soviel Kirschen, daß mit ihnen eine Flasche fast gefüllt werden kann. Vor allem sollte man die Früchte nicht pflücken, sondern auffangen. Damit meine ich: erst ernten, wenn die Früchte vollreif sind und fast abfallen.

Zubereitung

Füllen Sie eine Flasche nahezu bis zum Hals mit vollreifen Früchten. Dann fügen Sie noch einige Nelken hinzu und gießen mit Obstler oder Doppelkorn auf. Für sechs Wochen an ein sonniges Fenster gestellt und geschüttelt, werden sie dann abfiltriert. Der Fruchtalkohol wird mit Zuckerlösung (300 g Zucker in ⅛ l Wasser) je nach Geschmack vermischt, nochmals kräftig geschüttelt und kühl und lange gelagert.

75 Pfirsich-likör

Persica vulgaris

Die enorme Wirkung des Pfirsichs spiegelt ein chinesisches Märchen wider, das erzählt, wie über zwei Pfirsiche drei Helden zu Tode kamen. Wir sehen heute Wirkungen in dem im Pfirsich enthaltenen Calcium, Eisen und Vitamin A, dem Augenkräftigungs- und Schönheitsvitamin. Wir können jedes Jahr vier Sorten dieses pflaumenartigen Steinobstgewächses probieren: den Echten Pfirsich mit der sprichwörtlichen samtigen Haut und einem leicht ablösbaren Stein; die Härtlinge mit schwer oder nicht ablösbarem Stein; dann lachen uns mit „roten Bäckchen", glatter Fruchthaut und leicht abzulösendem Stein die Nektarinen an; als viertes kennt man die Brugnolen, ebenfalls mit glatter Haut, aber nicht lösbarem Stein.
Die tiefgefurchten, harten Steine, egal welcher Sorte, enthalten sehr ölreiche Samen, aus denen man Mandelölersatz herstellt. Wegen des Mandelaromas werden für die Liköre immer Kerne beim Ansetzen hinzugefügt.

Zubereitung

500 g Pfirsiche werden in Scheiben geschnitten und in ein Gefäß gegeben. Hinzu kommen 250 g Zucker und 0,7 l Weinbrand oder Cognac, je nach Geschmack auch noch ½ Teelöffel geriebener Muskat. Alles wird gut vermischt. Dann zerschlagen Sie die zurückbehaltenen Steine und geben hieraus die Kerne (nicht essen!) hinzu. Nochmals gut vermischen, verschließen und ein bis zwei Wochen ziehen lassen. Dann wird abfiltriert, wobei das Fruchtmus gut ausgepreßt werden sollte (am praktischsten ist hierbei ein Seihtuch). Dann in Flaschen abfüllen, verschließen und mindestens fünf bis sechs Wochen ruhen lassen, bevor Sie versuchen, „wie ein Pfirsich auszusehen". Noch eine kleine Variante, die mir recht interessant erscheint. Ein Pfirsichlikör kann auch nur aus Pfirsichblättern hergestellt werden. 100 g grüne, schöne Blätter – gewaschen und getrocknet – mit 300 g Zucker in eine 1 l Flasche geben, mit Obstler auffüllen und vier Wochen in der Sonne ziehen lassen. Empfiehlt sich als Digestif, also nach dem Essen.

76 Pflaumenlikör

Prunus domestica

Es gibt viel über die Pflaume zu berichten, denn wir kennen viele Arten, und welche ist nun für den Likör die beste? Eine Kirsch-Pflaume – wild in Südeuropa und im Orient und seit prähistorischer Zeit sogar schon am Alpennordrand bekannt – kam in näheren Kontakt mit dem Schwarzdorn, und das Ergebnis war eine Kulturpflaume. Welche? Eine Einteilung ist äußerst schwierig, da immer neue Mischformen entstanden sind. Man kennt hauptsächlich die Haferpflaume, auch Krieche bzw. Haferschlehe genannt. Zu ihr gehören wohl die Mirabelle und die größere Reineclaude. Dann natürlich die Garten- oder Hauspflaume mit beispielsweise den Arten Spilling und Ziparte. Zu einer anderen Gruppe gehört die Zwetschge (Quetsche, Zwetsche) mit ihren bekannten Vertretern, den (badischen) Bühler Zwetschen. Aus dieser Vielzahl von Pflaumen verwendet man meist die Zwetschgen, um ein Wasser zu destillieren. In Jugoslawien ist es der in flachen bauchigen Flaschen abgefüllte Sliwowitz oder Zlibovitz (der Name ist nicht geschützt). Nicht nur in Jugoslawien, sondern auf dem ganzen Balkan kennt und trinkt man ihn. Will man ihn besonders gut machen, verwendet man die Pocegarapflaume, eine besonders fleischige und sehr edle Vertreterin ihrer Art. Historiker berichten, daß die Bewohner dieser Gegenden, seien es Slowenen, Kroaten, Bosniaten oder Rumänen, das Brennen von Zwetschgen erst von den hier eingewanderten Schwaben gelernt haben. Ob die Schweizer in ihrem „Pflümliwasser" – das ganz echte kommt aus dem Waadtland – bestimmte Arten von Pflaumen haben, ist nicht bekannt. Ein „Pruneau" – aus der französischen Schweiz – ist ein Zwetschgenwasser, wie auch „Quetsch" aus dem Elsaß. Im Schwarzwald kennt man einen „Zibartenbrand". „Prünellenbrände" werden aus Reineclauden, Mirabellen oder auch Nektarinenpfirsichen gebrannt. Der olivgrüne Prünellenlikör wird dagegen aus Pflaumenauszügen (Ziparte) und Weinbrand hergestellt – so in Deutschland. Dagegen nimmt man in Frankreich für eine „Crème du Prunelle" die Früchte des Schwarzdorns, die Schlehen: ein sehr kräftiger Likör, der süße Schleckermäuler umlegt. Summa summarum: Die Zwetschge steht an erster Stelle, was die „Vergeisterung" anbelangt. Auf sie muß man allerdings etwas länger warten: Zwetschgen reifen Ende Juli bis Ende September, die Pflaume dagegen schon früher. Für unseren Likör benötigen wir Früchte, die zunächst (etwa in der Backröhre bei 50°C) gedörrt worden sind.

Zubereitung

Wir weichen 400 g Backpflaumen über Nacht ein, gießen sie am nächsten Tag ab und geben sie mit 0,4 l Weinbrand und 100 g braunem Kandiszucker in eine große Flasche. Diese wird für acht bis zehn Tage an einen dunklen Ort gestellt. Täglich schütteln! Achten Sie darauf, daß der Zucker sich löst; dann mit 1 l Rotwein aufgießen und nochmals zwei Wochen stehen lassen, abfiltrieren und abfüllen. Die zurückbleibenden Backpflaumen sind vorzüglich zu Flammeri oder Hefeklößen (Dampfnudeln).

77 Preiselbeer-likör

Vaccinium vitis-idaea

Um zu einem weiteren Likör zu kommen, müssen wir wieder einmal in den Wald. Was wir finden wollen, schildert Adalbert Stifter folgendermaßen: „Die Gruppe . . . saß jetzt, der lauen Luft genießend, in angenehmer Müdigkeit auf einem großen Steine, um den die Glut roten Herbstgestrüppes und dichter Preiselbeeren zu ihren Füßen prangte". Aufgrund ihrer leuchtendroten Farbe kann man die Früchte der Preiselbeere leicht auffinden. Da sie oft den Standort mit einem anderen Zwergstrauch, der Heidelbeere teilt, kann man oft beides zugleich ernten. So können Sie zwei Aufgesetzte, nein sogar vier, herstellen – es gibt ja auch noch die „Geister". Ein Preiselbeerlikör gehört übrigens zu den köstlichen Seltenheiten.

Zubereitung

400 g Preiselbeeren und 300 g weißen Kandiszucker geben Sie in eine Flasche und füllen mit 1 l Obstler (noch besser: 0,5 l Korn und 0,5 l Wodka) auf. Gut schütteln, und das immer wieder, zwei Monate lang an einem warmen Ort. Sie können abfiltrieren oder aber den Likör mit den Früchten genießen.

78 Quittenlikör (1)

Cydonia oblonga

Ist sie es nun, die Quitte, oder ist es der Apfel, der Aphrodite geheiligt war? Beide tragen im Griechischen den gleichen Namen, nämlich „melon". Zumindest kommt aber unser heutiges Wort Quitte vom griechischen „Kydonia" nach der altkretischen Stadt Kydon. Heute ist dieser Baum in unseren Hausgärten sehr häufig anzutreffen, nachdem er aus Südeuropa den Weg zu uns fand. Seine ursprüngliche Heimat sind Zentralasien und Japan. Seine Scheinfrucht – immer mit einem leicht abzureibenden Filz bedeckt – kann birnen- (Birnen-Quitte) oder auch apfelförmig (Apfel-Quitte) sein. Das Aroma der hellgelben Früchte – kräftig, herb-säuerlich – kann man bereits – wenn sie noch am Baum hängen – einatmen. Das Fruchtfleisch ist derb, fast ohne Saft, sauer und somit roh nicht genießbar. Dieses so unscheinbare Fruchtfleisch überrascht um so mehr nach seiner Verarbeitung. Es ergibt herrliche Kompotts, Gelees, Latwergen (süddeutsch für musartige Fruchtgerichte), Pasten (in diesem Fall Quittenbrot oder auch Quittenspeck genannt), Obstweine, Liköre. Aufgrund seines hohen Pektingehaltes kann man z. B. Marmeladen ohne viel Geliermittel herstellen. Nun aber zum gelblich funkelnden Likör. Darum: „klar wie der Wein muß das Gefäß sein, soll er dem Blick wie dem Geschmack gemäß sein" (M. Schaffy). Verwenden Sie eine helle große Flasche, damit Sie, wie z. B. auch beim Brombeerlikör, sehen können, wie die Farbe der Früchte in den Alkohol übergeht.

Zubereitung

Nehmen Sie 500 g Quitten und reiben Sie den „Pelz" von den Früchten, auch die Blütenreste sind zu beseitigen; dann werden die Früchte samt Schale und Kerngehäuse sehr klein geschnitten und mit ⅛ l Wasser langsam zum Kochen gebracht. Dann so lange bei geringer Hitze weiterkochen, bis nur noch wenig Flüssigkeit vorhanden ist. Nun 225 g Zucker, 1 Teelöffel Muskatblüte, 3 Teelöffel Koriander und ein paar Tropfen Bittermandelöl hinzugeben, gut umrühren und auskühlen lassen. (Ich habe einmal aus Versehen Kardamon, und zwar ganze getrocknete Früchte, statt Koriander genommen. Diesen Irrtum kann ich nur empfehlen, obwohl Koriander typisch für einen Quittenlikör ist.) Ist die Fruchtmasse ausgekühlt, geben Sie sie in das bewußte große Glasgefäß und übergießen mit 1¼ l Weinbrand. Dann für drei Wochen in die Sonne stellen, ab und zu schütteln. Dann filtrieren, gut verschließen und zwei Monate kühl lagern. Könnten Sie mit einem Quittenbrand aufgießen, wäre es natürlich noch außergewöhnlicher. Diesen kann man allerdings nur in kleinen Brennereien in den Alpen erstehen.

79 Quittenlikör (2)

Cydonia oblonga

Berg und Tal kommt nicht zusammen, aber die Leut' (so der Volksmund) – und bei diesem Likör bestimmt. Tantchen empfiehlt auch noch die schleimhaltigen Samenkerne als Abführmittel, in Maßen.

Zubereitung

Es werden 2 l Quittensaft benötigt. Dazu werden Quitten mit einem Tuch gereinigt, durch ein Reibeisen gerieben und am anderen Tag durch ein Tuch gepreßt. Dann vermischt man den so gewonnenen Saft mit 5 g Stangenzimt, einigen Nelken, 20 g grob gestoßenen bitteren Mandeln, 1 Zitronenschale und 250 g Zucker sowie 2 l Branntwein. Alles wird, in einer Glasflasche gut verschlossen, mindestens drei Wochen in die Sonne gestellt. Dann filtriert man den Liqueur und füllt ihn in Flaschen, die noch zwei bis drei Monate gelagert werden müssen.

80 Schlehen-likör

Prunus spinosa

Die Früchte des Schwarzdorns, die in gewisser Weise auch Pflaumen sind, waren früher das Obst des armen Mannes und sind heute eine Rarität. Man muß sie schon selbst suchen, die blauen Früchte zwischen den dornigen, schwarzen Ästen (deshalb Schwarzdorn, der undurchdringlichen Hecken wegen), denn kaufen kann man die Früchte nicht. Einen Schlehenbrand kann man vielleicht einem Bauern abkaufen, bei einem Schlehenlikör sieht es schon etwas günstiger aus. Wer kennt nicht „Schlehenfeuer": hier geht karibischer Rum mit den Früchten des Schwarzdorns eine hervorragende Verbindung ein. Auch der englische „Sloe-Gin" ist ein Schlehenlikör und kein Gin, allerdings hat er Gin als Grundlage. Er galt im United Kingdom als Abschiedstrunk. Am besten ist es wohl doch, den Schlehenlikör selbst herzustellen.

Zubereitung

Wir suchen nach dem ersten Frost 300 g Schlehen, die wir gut waschen, mit einem Tuch trockenreiben und danach mehrmals mit einer Nadel durchstechen. Wir geben sie mit 150 g weißem Kandiszucker in eine Flasche. Hinzu kommen 1 Stange Vanille, der Länge nach halbiert, und 0,7 l Korn. Gut verschließen, schütteln und mindestens vier Wochen in die Sonne stellen, dann abfiltrieren und – Sie lesen richtig – am besten ein ganzes Jahr kühl lagern. Anstatt der Vanillestange können Sie auch abrunden mit Johannisbrot oder Kardamom oder Bittermandelöl oder einer Stange Zimt und einigen Gewürznelken.
Wie schon beim Kirschlikör können Sie auch hier einen Likör nur aus Steinen zubereiten. Diese müssen vom Fruchtfleisch gesäubert, zerschlagen und mit 0,5 l Korn bei 1/8 l zerkleinerten Steinen angesetzt werden. Filtrieren. Dann mit Zuckerlösung vermischen.

81 Stachelbeerlikör

Ribes uva-crispa
im Volksmund: Klosterbeere, Krausbeere, Krusebeere

Ursprünglich heimisch im nordwestlichen Afrika und in Vorderasien, fand sie ihren Weg zu den Felsen und Waldrändern Osteuropas, um dann seit 1700 in vielen Formen und Farben (weißliche Früchte, gelb-grüne, grüne oder rötliche) in Europa kultiviert zu werden. Am beliebtesten ist immer noch die Form des Hochstammes, hierzu bedarf sie allerdings meistens ihrer Schwester, der Johannisbeere, als „Unterlage". Von einem Stachelbeerwein hat man schon eher gehört. Aber von einem Geist oder einem Likör? Versuchen Sie es mit einem Likör. Ab Juni bis August „bekränzen (den Garten) mancherlei Fruchtsträucher, . . . Johannis- und Klosterbeersträucher, und ich hatte die Fülle zu brechen und zu genießen". Ich hoffe, auch Ihnen steht die Fülle zur Verfügung, von der Clemens Brentano in seiner „Chronik eines fahrenden Schülers" erzählt. Er gibt uns auch noch einen praktischen Hinweis: Es wird zur Fruchternte der Boden eines Korbes mit Haselnußblättern bedeckt; zum Schluß können die Beeren auch noch damit abgedeckt werden, falls man einen längeren Heimweg hat. Der Stachelbeerlikör enthält viel Vitamin C, wirkt also aufbauend und aufgrund des Kaliumgehaltes harntreibend. Stachelbeersaft ist auch ein guter Durstlöscher. Der Likör kann dazu allerdings nicht eingesetzt werden, es sei denn, Sie genießen ihn in Form eines „shrubs" oder „daisy" (siehe Tips zum „besonderen" Mixen).

Zubereitung

Gleichgültig, ob kirschgroße grasgrüne oder nahezu pflaumendicke dunkelrote Stachelbeeren an Ihren Bäumchen oder Sträuchern wachsen, Sie ernten soviel, daß Ihnen ¾ l Saft zur Verfügung steht. Setzen Sie gleich mit Saft an, dann erzielen Sie ein besseres Aroma für den Likör. Den Stachelbeersaft vermischen Sie mit ¼ l Johannisbeersaft, dem Sie, wenn vorhanden, etwas Heidelbeersaft zugefügt haben, ¼ l Weinbrand und 1 l 98 %igen Alkohol. Dann geben Sie je nach Geschmack, mindestens jedoch einen knappen ½ l Zuckersirup hinzu (im Verhältnis 0,5 kg Zucker in 0,2 l Wasser). Nun alles gut durchschütteln und für etwa drei Wochen an einem warmen Ort stehen lassen, danach kühl lagern.

82 Walderdbeerlikör

Fragaria vesca

Linné hat hier erst mal wieder Ordnung geschaffen. Die *Fragaria vesca* hieß im klassischen Latein „Fragum" von „fragare = duften". Das tut sie ja auch so herrlich, daß man ins Schwärmen geraten kann. Dann taucht im Mittelalter die Bezeichnung „fragaria" auf, so daß sie bis 1737 unter zwei Namen in den Kräuterbüchern auftritt. Zu diesem Zeitpunkt setzt Linné dann *Fragaria vesca* fest. Linné war ein schwedischer Naturforscher und stellte 1735 ein „künstliches System" der Pflanzen zusammen. Er orientierte sich an einigen Merkmalen und definierte anhand der Staub- und Fruchtblätter 24 Klassen von Pflanzen, die wiederum in Ordnungen unterteilt sind. Später wurde dann von anderen Botanikern ein „natürliches System" nach Anzahl der Keimblätter geschaffen. So wissen wir heute über die Verwandtschaft der Pflanzen Bescheid. Das Wörtchen „vesca" bedeutet soviel wie „mager, wenig Nahrung bietend". Man muß schon viele dieser Sammelfrüchtchen in seinen Korb tun, um einen Likör aufsetzen zu können.

Zubereitung

Sie benötigen 300 bis 400 g sehr reife Früchte. Notfalls können Sie auch Monatserdbeeren verwenden. Die besondere Note dieses Likörs aber erreichen Sie nur mit dem Duft aus dem Wald. Die „Beeren" waschen und dann gut abtropfen lassen. Mit einer halben Stange Vanille, der Länge nach halbiert, 200 bis 250 g weißem Kandiszucker und 0,7 l 40 %igem Weinbrand aufsetzen. Natürlich immer wieder gut schütteln. Vier Wochen lassen Sie alles an einem mäßig warmen Ort ziehen; dann abfiltrieren und noch mindestens sechs Wochen ruhen lassen. Und nebenbei haben Sie auch noch eine köstliche Nachspeise, die Erdbeeren.

83 Weißdorn-likör

Crataegus laevigata

Ob Sie beim Ernten der Weißdornbeeren auch solch ein Glück haben werden wie William Blake („Das goldene Netz"): „Nah bei des Weißdorns holdem Mai traf ich vor Tag der Jungfraun drei . . ." Aber wir ernten ja auch erst von August bis Oktober. Doch sind sie schön anzusehen, die kleinen schneeweißen Blüten zwischen den dornigen Zweigen an Waldrändern, Gebüschen oder auch in Gärten. Allerdings „duften" sie nicht gut. Sieht man im Frühjahr „Schneeweißchen", hat man dann im Herbst „Rosenrot": ab August leuchten uns die roten, etwas eiförmigen „Mehlbeeren", in Trugdolden hängend, entgegen. Verwechseln Sie den Weißdorn aber nicht mit dem „Rotdorn", einem Bastard, der in Vorgärten und Anlagen vorkommt. Er hat rosafarbene gefüllte Blüten. Die „Verjüngung" durch den Weißdornlikör besteht in der Kräftigung des Herzens. Die Inhaltsstoffe des Weißdorns wirken gefäßerweiternd (dadurch Steigerung der Durchblutung der Herzkranzgefäße), blutdrucksenkend, herzberuhigend, als auch vorbeugend zur Verstärkung der Herztätigkeit und bei erhöhter Beanspruchung durch Streßsituationen. Weißdorn entfaltet seine Heilwirkung nur, wenn er fortgesetzt über längere Zeit verabreicht wird. Nun, beim Likör sollte man nicht ausarten. Vielmehr mäßig, aber regelmäßig, also jeden Tag ein Gläschen. Für Hausfrauen ist Weißdorn auch noch von anderem Interesse. Die „Mehlbeeren" haben einen sehr hohen Pektingehalt. Somit können sie beim Marmelade- und Geleekochen anderer pektinarmer Früchte, z. B. Himbeeren und Brombeeren, Hilfestellung leisten. Kochen Sie einfach aus Mehlbeeren und wenig Wasser einen dicken Sud (Gelee), den Sie dann zu den jeweiligen Früchten hinzugeben. So verwenden Sie Ihr eigenes Geliermittel.

Zubereitung

Man wäscht eine Handvoll Früchte, läßt sie abtropfen, ritzt sie etwas an und gibt sie mit 1 l Branntwein (Obstler oder Doppelkorn, auch Gin ist möglich) in eine Flasche, vielleicht nach Geschmack noch etwas Zitronenschale. Acht Tage gut verschlossen bei täglichem Schütteln ziehen lassen, dann abfiltrieren und 250 g braunen Zucker (Farinzucker) hinzugeben und kräftig durchschütteln. Nochmals ziehen lassen, wobei Sie immer mal wieder schauen sollten, ob der Zucker sich löst, ansonsten gut schütteln. Und dann ist er fertig: „Ein frischer Trunk, macht Alte jung."

Sonstige Liköre

84 Bierlikör

Bier ist Medizin, Nahrung, Genußmittel, Durstlöscher. Die Ägypter glaubten, Osiris habe es erfunden; aber immerhin ist das Land am Nil wohl das erste Bier-Land. (Das Bier des Altertums entsprach allerdings noch nicht so recht unseren Vorstellungen). Die Ägypter verwendeten das Bier – so berichtet der Geschichtsschreiber Cassius – schon als „tägliches Brot" für die Sklaven (zum Knoblauch mußte ja auch noch etwas Flüssiges kommen) beim Pyramidenbau. Auch fand man in der Grabkammer Ramses III. als Grabbeigabe Krüge, die mit Bier gefüllt gewesen sein sollen. Die Babylonier verehrten sogar eine Göttin des Bieres: Nidaba. Allerdings nahm bei ihnen der Bierkonsum solche Ausmaße an, daß eine ganze Gesetzessäule für neue Verordnungen über den Biergenuß geschaffen werden mußte. Man kannte zu dieser Zeit Hopfen noch nicht als Bierwürze, sondern verfeinerte mit Bitterstoffen, wie Safran oder Konyze, einem würzigen Kraut. Auf dem Weg von Ägypten und Babylonien über Griechenland nach Rom kam das Bier nach Germanien. Auch hier wurde es als „flüssiges Brot" in Klöstern gebraut, und Mönche aus Gallien waren es, die zum ersten Mal Hopfen verwendeten. Im 12. Jahrhundert riet sogar Hildegard von Bingen unter medizinischen Gesichtspunkten: „Trinkt Bier!" Auch sie selbst soll dieser Medizin kräftig zugesprochen haben. Und im 16. Jahrhundert fand man dann endlich einen Schutzpatron der Bierbrauer: Die Fama verherrlicht einen gewissen Gambrinus als König von Flandern und Brabant. In einer anderen Version wird dieser Name von Jan Primus, einem burgundischen Fürsten – er soll Braumeister Karls des Großen gewesen sein –, abgeleitet. Als „großer Trinker vor dem Herrn" soll er ein Riesenfaß Bier geleert und dieses dann noch „2 Steinwürfe weit" geschleppt haben. Prägten einst die Mönche noch das Wort „biber" (lateinisch „Bier"), so wurde das Bierbrauen langsam Frauensache; ein Sudkessel gehörte zur Mitgift einer Braut. 1487 erließ Herzog Albrecht IV. von Bayern, um endlich Ordnung in die Sache zu bringen, ein Reinheitsgebot für das Bier, das dann am 23. 4. 1516 zum bayerischen Landesgesetz wurde. Es besagt, daß bei der Bierherstellung ausschließlich Wasser, Hopfen, Hefe und Gerste verwendet werden dürfen. Heute fordern die Wirtschaftspartner von der Bundesrepublik, es mit der Reinheit nicht ganz so genau zu nehmen und auch solche Biersorten zum Verkauf zuzulassen, die allerlei Zusätze enthalten. Goethe meinte: „Bestaubt sind unsere Bücher, der Bierkrug macht uns klüger; das Bier schafft uns Genuß, die Bücher nur Verdruß." Und nun unser Bierlikör, von dem so mancher wohl noch kein Sterbenswörtchen gehört hat. Es wird dafür Starkbier, am besten Bockbier, genommen (Hauptsaison des Bockbieres ist das Frühjahr oder die Weihnachtszeit). Diese Biersorte zählt zu den Untergärigen, d. h., diesem Bier wird eine Heferasse zugesetzt, die sich nach der Hauptgärzeit (etwa acht bis zwölf Tage) nach unten absetzt, im Gegensatz zu den obergärigen Bieren. Man spricht beim Bier auch nicht von Alkoholgehalt, sondern von Stammwürze. Dies ist der Extraktgehalt der Würze vor dem Beginn der Gärung.

Zubereitung

Wir kochen 1 l Starkbier mit 500 g Zucker und 1 Vanillestange 15 Minuten lang und lassen abkühlen. Dann abfiltrieren und mit 0,6 l 96 %igem Alkohol vermischen. Und wenn es auch etwas Kummer bereitet: gönnen Sie dem Likör auf jeden Fall drei Monate Lagerzeit.

85 „Bärenfang"

Alkoholisches aus Honig, wie Met oder Honigwein, war bereits in vorgeschichtlicher Zeit in vielen Teilen Europas bekannt. Dagegen sind zum Beispiel Honigliköre heute nur eine Spezialität bestimmter Landstriche. Der bekannteste ist der aus Ostpreußen stammende „Bärenfang" (oder auch „Petzfang", „Bärenjäger"). Packt Sie dabei nicht die Lust, mal auf Bärenjagd zu gehen? Dann sollten Sie unbedingt folgende List der Masurischen Bauern kennen, die diese sich vor vielen Jahren zunutze machten: Den Bauern war das Jagen von Bären verboten, aber da die Schäden, die diese anrichteten, immer größer wurden, kam ihnen eine „Schnapsidee" zu Hilfe. Sie stellten im Wald Töpfe mit einer wunderbar duftenden Mischung auf, der kein Bär widerstehen konnte – Alkohol mit Honig. Aus dem wilden Bären wurde ein lieber schlummernder „Petz", den die Bauern nun auch ohne Jagderlaubnis still und leise einfangen konnten. Zu guter Letzt fanden nicht nur die Bären Gefallen an der Mischung, sondern wohl auch die Bauern selbst. Denn, obwohl heute kein Bär mehr frei herumläuft, wird der „Bärenfang" in dieser Gegend noch immer hergestellt und von den „Fängern" selbst getrunken. Diese Geschichte aus Ostpreußen als Anregung für das folgende Rezept.

Zubereitung

1 l 96 %iger Alkohol wird mit 1 kg Honig und 1 Teelöffel Gewürznelken vermischt und unter Umrühren im Wasserbad langsam erhitzt. Hierbei wird noch 1 Teelöffel angewärmte ungesalzene Butter hinzugegeben. Hat sich der Honig gelöst, vom Feuer nehmen. Nun kann man schon einen anständigen Probeschluck nehmen (geht in die Beine!) oder in Flaschen abfüllen und zwei bis drei Wochen lagern – so wird der Likör noch besser.

86 Brotlikör

Dieses Rezept stammt aus „Opas Kriegsbüchlein". Mein Vater schrieb es während seiner russischen Gefangenschaft; diese Beschäftigung stärkte wohl den Mut zum Überleben. Er notierte außer Likör- und Schnapsrezepten (als alter Drogist war das sein Metier) auch unzählige Kochrezepte – dabei kochte er nie. Sicher stand ihm auch damals nie die Menge an Brot zur Verfügung, die er für diesen Likör vorsah.

Zubereitung

Es werden 300 g Brotreste und 300 g Zucker mit Wasser ganz bedeckt und an einem warmen Ort drei bis vier Wochen stehen gelassen, am besten in einem kleinen Faß mit Gärverschluß. Dann filtrieren und in Flaschen füllen. Veredeln durch Rum- oder Vannillezusatz.

87 Eierlikör

Kennen Sie die nette Geschichte seiner Entstehung? Die Holländer tranken früher in ihren Kolonien mit Vorliebe ein Getränk, das aus dem gelben pürierten Fleisch der Avokado und Branntwein zusammengestellt wurde. Ins Mutterland zurückgekehrt, mußten sie mangels Avokados darauf verzichten. Die gelbe Farbe brachte sie wohl auf die rettende Eier-Idee. Oder kramten sie nur ein altes Rezept aus Großmutters Kiste aus und verfeinerten es? Jedenfalls steht „Advokat" oder „Advokaat" (der Name ist nicht geschützt) für „Avocado". Inzwischen ist auch nicht jeder Eierlikör ein Eierlikör. Wir haben heute auch Eierbranntwein. Bei diesem darf nur ausschließlich Weindestillat verarbeitet werden. Beim Eiercognac besteht der Alkoholanteil nur aus Cognac. Nehmen Sie Asbach als Ansatzalkohol, so genießen Sie „Rüdesheimer Eierlikör". Wenn Sie nun aber einen richtigen eigenen Eierlikör machen wollen, dann dürfen Sie auch Korn, Doppelkorn, Obstler oder auch Weingeist, also auch einen Klaren, verwenden. Die Provenienz der Eier ist im übrigen unwichtig. Hier nun ein „Eierlikör nach Tante Frieda".

Zubereitung

Wir benötigen 6 frische Hühnereier – ohne Hahnentritt, bemerkt Tantchen. Sie werden mit 150 g Puderzucker und ¼ Vanillestange schaumig geschlagen (heute mit Rührgerät) bis die Masse dickcremig ist. Nun langsam weiterschlagen, wobei nach und nach ¾ Tasse abgekochte Milch und ¼ Tasse Dosenmilch (10%) dazugefügt werden. Ganz zum Schluß kommt ⅛ l 90 %iger Alkohol und etwas Rumaroma hinein. Dann gibt es noch eine Notiz: „Zusatz von süßer Sahne noch besser". Den in Flaschen abgefüllten Likör sollten Sie vor Sonnenlicht schützen. Vor dem Servieren einmal kräftig durchschütteln, denn durch längeres Stehen setzt er sich ab. Dies ist nun – unum multorum – eines von vielen Rezepten, Eierlikörrezepte gibt es wie den sprichwörtlichen Sand am Meer.

88 Holunderblütenlikör

Sambucus nigra

Haben Sie als erstes das im Vorwort enthaltene Rezept für den Holunderblütensekt probiert? Im Norden Deutschlands heißt er übrigens „Fliedersekt". Dies rührt wohl von der Verwandtschaft der Silbe „Hol" mit dem dänischen „Hyld = Flieder" her. Im Süddeutschen nennt man ihn den „Hollersekt" oder „Holdersekt". Des weiteren ist noch Holunderblütentee (entweder allein oder mit Lindenblüten gemischt) zu empfehlen; gut bei Erkältungskrankheiten oder auch zum Gurgeln bei Entzündungen der Rachen- und Mundschleimhaut. In der Volksmedizin kennt man auch einen Holunderessig, z. B. gegen Gicht, und einen Holunderwein, beides ebenfalls mit den Blüten angesetzt.

Der Holunderwein wird der Zunge wohl am besten zusagen, und um das noch zu bekräftigen: Wie wärs denn nun mit einem „Fliederlikör" oder eben einem „Hollerlikör", nicht nur zum „Hollerküchlein" (Die kennen Sie nicht? Es sind in Eierkuchenteig getauchte und dann ausgebackene Holunderblütendolden).

Zubereitung

Sie brechen zehn bis zwanzig Blütendolden, die Sie waschen und abtropfen lassen. Diese werden in 0,5 l ca. 90 %igem Alkohol für fünf bis sieben Wochen an einem warmen Ort aufgesetzt. Nach Möglichkeit sollten nur die Blüten, nicht auch die Stielenden mit dem Alkohol in Berührung kommen. Nun stellen Sie aus 250 g Zucker und ¼ l Wasser eine Zuckerlösung her. Während diese auskühlt, wird der Alkohol filtriert und dann mit der Lösung gut vermischt, das heißt, gut durchschütteln. Ist er Ihnen zu alkoholisch, verdünnen Sie mit destilliertem Wasser. Kühl lagern.

89 Kaffeelikör

„Schwarz wie die Nacht, süß wie die Liebe und heiß wie die Hölle" – so muß er sein, ein Kaffee, wenn es nach den Arabern geht. Da sie ihn schon seit dem 14./15. Jahrhundert trinken, haben sie ausreichend Erfahrung. In Äthiopien „entdeckt", kam das Kaffeetrinken zu dieser Zeit wohl aus der abessinischen Provinz Kaffa nach Arabien. Im 17. Jahrhundert kamen Pflanzen nach Java, danach nach Sri Lanka (Ceylon), und Ende des 18. Jahrhunderts erreichten sie Südamerika. Die Brasilianer verdanken der Zuckerrübe ihre großen Kaffeeplantagen. In Europa brauchte man nicht mehr das Zuckerrohr, da nun die Zuckerrübe vor der Tür wuchs. So ging der Zuckerrohrexport Brasiliens drastisch zurück, und man mußte sich hier etwas Neues einfallen lassen. Da kam die Kaffeepflanze, die eine mittlere Jahrestemperatur von 20°C benötigt, zur rechten Zeit an den richtigen Ort. Seit dem 17. Jahrhundert gibt es die Kaffeehäuser. In London eröffnete das erste (coffee house „Lloyd"), dann folgten Wien, Marseille und Leipzig. Selbst dem Kaffee sehr zugetan, sah Preußens „Alter Fritz" viel Geld ins Ausland fließen und setzte einfach eine enorme Besteuerung fest. Das war ihm noch nicht genug: amtliche „Kaffeeschnüffler" mußten nach Kaffee auf dem schwarzen Markt schnuppern. Aber den Geschmack am Kaffee konnte er so auch nicht vertreiben, allerdings entstand so aus Not der „Blümchenkaffee": der Kaffee wurde immer dünner, so daß man schon die Blümchen am Tassenboden durchscheinen sah. Trinken Sie am Nachmittag Kaffee und Likör, probieren Sie mal beides in einem, nämlich einen Kaffeelikör. Sollte Sie übrigens die Sorge quälen, die Zeiten des „Alten Fritz" könnten wiederkehren, dann kaufen Sie schon jetzt beizeiten einen Kaffeestrauch. Heute ist er in jeder guten Blumenhandlung mit seinen hübschen weißen Blüten zu finden. Auch die kirschähnlich aussehenden Früchte erfreuen uns mit grüner, gelber, roter und zum Schluß violetter Farbenpracht – dann sind sie reif. Ob Ihre Ernte wohl für eine Tasse Kaffee reicht? Aber vorher muß noch etwas getan werden: das Fruchtfleisch der einzelnen Frucht muß entfernt werden und die in ihr liegenden zwei Kerne – also die Bohnen – müssen durch Gärung und Fermentierung von der sie umgebenden Hülle befreit werden; dann erst können Sie geröstet werden, um uns schließlich als Genußmittel zur Verfügung zu stehen. Möchten Sie einen Mokka- statt eines Kaffeelikörs herstellen, so besorgen Sie sich die kleine runde „Bohne" aus Mocca am Roten Meer. Allerdings hat 1962 der Gerichtshof entschieden, daß auch andere Kaffeesorten so heißen dürfen, denn heute verstehen wir unter „Mokka" allgemein einen sehr starken Kaffee.

Zubereitung

400 g Zucker (Vermerk von Tantchen: auch mit Rohzucker) und 1 Stück Vanillestange werden mit ¼ l Wasser zu einem dickflüssigen Sirup eingekocht. Hinzu kommt dann 100 g grob gemahlener Bohnenkaffee. Dann noch einmal aufkochen lassen. Entweder 1 l Weinbrand oder Kirschgeist/-wasser dazugießen und gut durchmischen. Alles in eine Flasche füllen, gut verschließen und vier Wochen in die Sonne stellen. Dann filtrieren. Trinken Sie ihn nicht nur, sondern verfeinern Sie mit Ihrem Likör Ihre Moccatorte, Ihr Vanilleeis, Ihren Eiskaffee.

90 Kakaolikör

Eine noch längere Tradition als der Kaffee besitzt der Kakao. Schon vor über 2000 Jahren als Kulturpflanze gehegt und gepflegt, galt bei Inkas und Azteken die Kakaobohne als Zahlungsmittel oder diente einem würzigen Bittertrank, dem „Cacau-atl", der mit Pfeffer und anderen scharfen Gewürzen abgeschmeckt wurde. Obwohl nicht nur in Gartenbau und Küchenkunst hochbegabt, und obwohl das Zuckerrohr auch in ihrem Lande wuchs, kamen sie nie in die süße Versuchung, ihre beiden heimatlichen Produkte miteinander zu verbinden. Es waren wieder die Geistlichen, diesmal aus Spanien, die dies probierten und verfeinerten. Als Cortez die Kakaobohnen (eigentlich Kerne) im Jahre 1528 mit nach Spanien brachte, konnte er Karl V. noch nicht sonderlich begeistern. Im 17. Jahrhundert aber begann der Siegeszug des Kakao. War sein Genuß zunächst noch ein Privileg der geistlichen und fürstlichen Herren, fand er seinen Weg in die Salons des Bürgertums und ist heute ein Volksgetränk schlechthin – für alt und jung. Allerdings gab es für den Kakao auch schlechte Zeiten: wie schon beim Kaffee sah Friedrich der Große die Gelder „wegschwimmen" und verbot den Kakao kurzerhand in seinem Lande. Auch Lieselotte von der Pfalz, die Schwägerin Ludwigs XIV., konnte sich für diese Neuheit nicht erwärmen: „Ich kan weder thé noch chocolat noch caffé drinken; . . . den chocolat findt ich zu süß, caffé kompt mir vor wie ruß undt das thé wie eine halbe medicin." Sie blieb lieber ihrem Bier und Wein treu.

Zubereitung

100 g Kakaopulver werden mit 1 l 98 %igem Alkohol, 1¼ l Wasser und 1 Stück Vanillestange in eine große Flasche gefüllt, fest verschlossen und zwei Monate an ein sonniges Fenster gestellt, dabei täglich geschüttelt. Über den Fortgang schreibt Tantchen: 250 g Zucker werden in Wasser getaucht, schmelzen gelassen, klar gekocht und erkaltet dem filtrierten Abzug zugesetzt.

91 Puddinglikör

Auch dieses Rezept stammt aus „Opas Kriegsbüchlein" und ist äußerst sparsam. Außer 1 l Milch und 1 l Alkohol benötigen wir – neben etwas Zucker und Salz – ein Päckchen Puddingpulver. Unser Puddinglikör ist, wie auch der Eierlikör und andere Milch- und Sahneliköre, ein Emulsionslikör, d. h. feinste Verteilung eines unlöslichen Stoffes in einer Flüssigkeit, und das wird nur durch viel Rühren bzw. Schlagen erreicht. Die Bezeichnung Puddingpulver, die von jedem gebraucht wird, ist eigentlich falsch. Unter Pudding hat man eine Speise – egal ob süß oder salzig – zu verstehen, die im Wasserbad in einer Form gekocht wird, z. B. Plumpudding. Das was wir meinen: Milch mit Pulver oder Grieß oder Stärkemehl anrühren und auf kaltem oder heißem Wege zum Festwerden bringen, sind Süßspeisen bzw. Flammeris.

Zubereitung

Der Inhalt eines Päckchens Puddingpulver nach Ihrem Geschmack wird in 1 l Milch mit einer kleinen Messerspitze Salz und nach Geschmack mit Zucker aufgekocht. Diese Masse lassen wir unter Rühren etwas abkühlen. Anschließend wird sie, am besten mit dem Handrührgerät, langsam geschlagen, um den Alkohol, und zwar 1 l 98 %igen, darunterzumischen.

92 Rosenlikör

Begnügen wir uns vor dem Hintergrund einer bis zu den „Rosarien" (Rosengärten) im alten Persien zurückreichenden Geschichte der Rose als Sinnbild der Liebe, aber auch der Entsagung und des Todes, mit einem jener Gedichte, die wir in älteren wie heutigen Poesiealben finden: „Wie die Rosen blühen, so blühe stets Dein Glück, und findest Du blühende Rosen, so denke an mich zurück." Es ist ein recht süßer Likör, der auch manchem zu parfümiert schmeckt. Aber er ist echt und nicht künstlich. Letzteres soll heute beim „Rosoglio" leider der Fall sein. Dies ist ein italienischer Rosenlikör, der bereits im 14. Jahrhundert in Padua aus Honig, Branntwein und Rosenextrakten

hergestellt wurde. „Rosoglio" oder auch „Rosolio" entstand aus „ros solis", was „Tau der Rose" heißt: die Rose ist also vom Tau, sprich Branntwein, benetzt. Aber auch in China soll man einen guten Rosentropfen kennen: „Mai Kwai Lo."

Zubereitung

Wir sammeln 500 g rote, intensiv duftende Rosenblätter (ungespritzte) und kochen sie in Portionen in etwa zwei Tassen Wasser: Einen Teil der Rosenblätter in das kochende Wasser geben und durchkochen; das Wasser wird blaurot und beginnt schon zu duften. Die blaßgewordenen Blätter herausnehmen und den nächsten Teil hineingeben. So weiter verfahren, bis eben alle Rosenblätter ihre Duft- und Aromastoffe abgegeben haben. Dann geben Sie 1 kg Zucker in die Flüssigkeit und lassen diese gut durchkochen. Dem Sirup kann nun durch Zitronensaft etwas von der Süße genommen werden. Allerdings wird er dann auch heller. Diesen Rosensirup vermischen Sie nun je nach Geschmack mit Branntwein.

93 Tannenspitzenlikör

Dieser Likör ist eigentlich nur etwas für Leute mit Waldbesitz. Man sollte nämlich nicht wahllos Tannenspitzen brechen, sondern am Rande von Schonungen nach verkrüppelten Tannen suchen, die später sowieso ausgeholzt werden.

Die „Spitzen" ergeben auch ein hervorragendes Gelee. Dafür müssen sie in Wasser ausgekocht werden, und aus diesem Sud wird dann das Gelee hergestellt. Sie spüren dann förmlich den Wald auf Ihrer Zunge. Tannenlikör kann man auch käuflich erwerben. Er kommt aus Frankreich und wird in Flaschen gefüllt, die die Form und Farbe einer Baumrinde haben. Ahmen Sie das doch einmal nach, indem Sie eine als Geschenk gedachte Flasche Ihres Tannenspitzenlikörs mit Borke umwickeln und vielleicht mit einem kleinen Zweig verzieren.

Zubereitung

Wir benötigen 1 Handvoll hellgrüner, zarter, noch weicher Tannenspitzen. Waschen und abtropfen lassen. Sie werden mit 150 g weißem Kandiszucker in eine 1 l Flasche gegeben und mit Schnaps aufgefüllt. Während sechs bis acht Wochen täglich mehrmals schütteln. Die Flasche benötigt in dieser Zeit ein sonniges oder warmes Plätzchen. Dann wird filtriert, abgefüllt und noch zwei bis drei Monate kühl gelagert. Je länger Sie warten, desto größer der Genuß.

94 Teelikör

Any time is tea-time – es ist immer Zeit für eine köstliche, erquickende Tasse Tee. Es ist ebenso immer Zeit für einen zarten Teelikör. Tee (chinesisch „tscha") wird seit 2000 Jahren getrunken, ob zuerst in Indien oder in China ist allerdings ungewiß. Ein Italiener brachte im 16. Jahrhundert den Tee den Europäern etwas näher. Er war ihnen aber noch viel zu medizinisch. Bis man dann, um 1630 herum, den Zucker in dieses „bittere Zeug" tat, und nun wurden sogar in den Parks der Schlösser Teehäuser gebaut, um dort den Tee einnehmen zu können. In England wurde er noch etwas später bekannt. Die Portugiesin Catharina von Braganza, Ehefrau Charles II., rührte die Werbetrommel für den Tee in England. Schließlich machte der Tee englische Geschichte: Englands Staatssäckel war wieder leer, und so wurden – wie man es schon immer gemacht hat – die Steuern erhöht, also auch die Teesteuer. Die Engländer im Mutterland ertrugen es schweigend. Den englischen Bürgern in den nordamerikanischen Kolonien dagegen – wegen ihrer mangelnden Vertretungen im Londoner Parlament bereits verärgert – platzte der Kragen. Im Jahre 1773 enterten sie – als Indianer verkleidet – im Hafen von Boston drei Schiffe der East India Company und warfen genau 342 Kisten mit Tee über Bord. Dies war der Beginn der Unabhängigkeitskriege und somit die Geburtsstunde der United States of America. Für die Zubereitung eines guten Tees gibt es ein paar Regeln, die auch hinsichtlich des Likörs von Interesse sind. Man sollte nur ungechlortes, nicht zu kalkhaltiges Wasser nehmen, am besten also geschmackfreies Mineralwasser, und das sollte dann gerade gekocht haben. Sie nehmen immer dieselbe Teekanne. Nach Gebrauch sollte sie nur ausgespült werden, da Spülmittel geschmacksbeeinträchtigend sind. Lassen Sie den Tee sich frei entfalten, also kein Tee-Ei. Bringen Sie niemals Tee mit Metall in Berührung. Der Tee sollte entweder zwei bis drei (anregend) oder bis fünf Minuten (beruhigend) ziehen und dann in eine andere Teekanne abgegossen werden.

Zubereitung

Stellen Sie eine Tee-Essenz aus 50 g Tee (Flowery Pekoe), 1 Vanillestange und 0,2 l 70 %igem Alkohol her. Diese Mischung wird acht Tage lang an einen mäßig warmen Ort gestellt und täglich geschüttelt. Dann bereiten Sie einen Grundlikör: 1 kg Zucker und 0,5 l Wasser werden einmal aufgekocht, und dieser Sirup wird mit 0,5 l 90 %igem Alkohol und 0,2 l Wasser gut vermischt. Zu diesem Grundlikör gibt man nun nach Geschmack die Tee-Essenz hinzu. Und nun „Abwarten und Tee trinken". Ein alter Berliner Ausspruch, den Sie hinsichtlich der Lagerzeit berücksichtigen sollten.

95 Veilchenlikör

Viola odorata

Dieser Likör wird mit den Blüten des „wohlriechenden" Veilchens zubereitet. Man findet es in schattiger Lage an Zäunen, Mauern, in Gärten und Parkanlagen. Wildwachsende oder verwandte Arten, wie das Hundsveilchen, oder geruchlose Veilchen und solche, deren Blüten nicht völlig violett sind, werden nicht gepflückt. Die Blütezeit reicht von März bis Mai.

Um die Jahrhundertwende trank man nicht nur Veilchenlikör, sondern knabberte auch kandierte (besser: kristallisierte) Veilchenblüten. Sie wurden damals auf jedem Jahrmarkt feilgeboten. Wollen Sie in einem Glas Likör nicht immer eine süße Blüte schwimmen lassen? Oder sie als Dekoration auf einem Kuchen verwenden? Dazu kochen Sie 5 Minuten lang einen Sirup aus 450 g Zucker und 2,25 dl Wasser. In diesen tauchen Sie die Blütenköpfe oder auch Blätter (nur als Verzierung) und lassen sie 1 Minute kochen. Dann nehmen Sie sie mit einem Schaumlöffel heraus und legen sie einzeln auf ein fettabstoßendes Papier. Mit einer Pinzette können Sie die Blütenblätter in die richtige Form bringen. Dann lassen Sie alles 24 Stunden an einem warmen und trockenen Ort stehen, bis die Blüten hart sind. Lagern können Sie sie in einem gut schließenden Glasgefäß.

Zubereitung

200 g frisch gepflückte Veilchenblüten in einer Porzellanschale mit etwa ½ l kochendem Wasser übergießen, so daß sie knapp bedeckt sind. Lassen Sie sie 12 Stunden ziehen. Dann das Veilchenwasser abfiltrieren, mit 150 g Zucker in einen Topf geben und unter ständigem Rühren bis zum Sieden bringen. Dann erkalten lassen und ¼ l reinen Alkohol und 5 cl (0,05 l) Weinbrand hinzugeben. Umrühren, abfüllen und kühl lagern.

96 Walnußlikör

Juglans regia

Die für unseren „Französischen Nußlikör" nach einem Rezept Tante Friedas verwendeten Walnüsse sollten Mitte bis Ende Juni, maximal bis Ende Juli, geerntet werden, sonst sind sie zu bitter. Der Likör tut gut bei Völlegefühl und Magenbeschwerden. Das im Rezept verwendete Mengenmaß „Schock" bedeutet soviel wie „Getreidehaufen"; es ist ein altes norddeutsches Zählmaß: 1 Schock = 60 Stück. Es muß nicht unbedingt ein französischer Nußlikör sein; ein deutscher, dann mit Weinbrand, aber auch Kirschwasser oder normalem Branntwein aufgegossen, ist ebenso gut. Je nach Geschmack kann auch ein Stück Zitronenschale mitgegeben werden. Dennoch: der bekannteste Nußlikör ist „Noisette", ein französischer Hochgenuß. Deshalb wohl auch Tantchens Anlehnung an das Französische. Es ist auch ein Branntwein aus Hasel- und Walnüssen. Dieser wird dann zu einem sämigen (durch hohen Zuckeranteil) Likör angesetzt. Nußcremeliköre werden durch den Eigehalt cremig. Man könnte also auch einen Eierlikör mit Haselnüssen anreichern, das wäre ein Versuch für Probierhasen.

Zubereitung

Ein halbes Schock Walnüsse werden zerstoßen. Hinzu kommen 20 bis 30 Gewürznelken und 5 g Zimt, ferner 250 g brauner Kandiszucker, den man vorher zerstößt. Dann gießt man 1 Flasche guten Cognac darauf und läßt ihn in gut verkorkten Flaschen sechs Wochen in der Sonne „destillieren", wobei man ihn recht oft schüttelt. Hierauf wird der Likör durch „Löschpapier" filtriert und verwahrt. Würde er 1 Jahr lagern, täte ihm das am besten.

Fruchttöpfe

97 Birne mit Geist

Wie beim Apfel kennen wir bei der Birne unzählige Sorten als Ergebnisse jahrhundertelanger Kultur und Veredelung. Generell unterscheidet man Sommer-, Winter- und Herbstbirne. Ihr Wert richtet sich nach ihrem Fruchtfleisch, das entweder schmelzend, auf der Zunge zergehend, aber auch brüchig oder fest sein kann. Letzteres kommt bei weniger guten Sorten durch Nester von Steinzell-Ansammlungen im Fruchtfleisch. Es sind Überreste eines ehemaligen Steinkerns. Da von allen Obstsorten die Früchte unserer Kulturbirnen den größten Zuckeranteil haben, ist ihre Lagerfähigkeit begrenzt. Sie werden teigig und faulig. So bieten sie sich unserer Konservierung förmlich an. Noch ein Tip: Falls Sie die Birnen auch als Beilage zu einem Wildgericht verwenden möchten, gefüllt mit Preiselbeeren, ist es hübsch anzusehen, wenn Sie die Stiele an den Birnenhälften belassen. Sie können die Birnen auch für eine Torte verwenden, besonders gut aber schmecken sie zu einer Mandelcreme. Sie kennen das Sprichwort: „Man kann die Birne nicht eher pflücken, bis sie reif ist", das heißt für Sie: nehmen Sie nur reife Birnen zum Ansetzen des Topfes, und gönnen Sie ihm die vier Wochen Zeit des Durchziehens. Beides ist für Sie ein Gewinn.

Zubereitung

Verwendet werden möglichst gute Sorten, zum Beispiel „Clapps Liebling" oder „Alexander Lucas". 1 kg Birnen werden geschält und halbiert, das Kerngehäuse entfernt. Mit ganz wenig Wasser und etwas Zitronenschale werden die Fruchthälften kurz aufgekocht. Herausnehmen und abtropfen sowie abkühlen lassen. Dann werden die Birnenhälften vorsichtig, immer abwechselnd mit 300 g weißem Kandiszucker, vier bis fünf Nelken, einer zerbrochenen Zimtstange und 0,7 l Birnengeist, in ein Glas geschichtet. Es muß kein Steintopf sein. Die Früchte müssen aber vom Alkohol bedeckt sein, darauf sollten Sie achten. Dann das Glas gut verschließen, wenn kein Deckel dazu vorhanden, mit Cellophan abbinden und für vier Wochen an einem kühlen Platz durchziehen lassen. Statt Birnengeist können Sie auch Armagnac oder einen Doppelkorn verwenden.

98 Brombeeren in Kräuterlikör

Aller guten Dinge sind 3! Nach einem Brombeergeist und einem Brombeerlikör können Sie sich nun an einem Brombeertopf versuchen. Und aufgießen können Sie sogar auch mit einem „Selbstgemachten". Nehmen Sie am besten den Kräuterlikör, bestehend aus Tausendgüldenkraut, Rhabarberwurzel, Wacholderbeeren, Schafgarbenkraut und Wermutkraut. Jetzt merkt man erst, wie gut es ist, gleich größere Mengen anzusetzen: Es gibt immer wieder Verwendungsmöglichkeiten. Aufgrund ihrer Farbe können Sie mit Brombeeren einen schwarzen Rumtopf beginnen. Hinzu kommen dann noch Heidelbeeren, schwarze Johannisbeeren und natürlich Holunderbeeren, wie beim normalen Rumtopf auf 2 kg Frucht 1 kg Zucker und 54 %igen Rum. Diesen „Topf" brauchen Sie nicht so schnell zu verzehren.

Zubereitung

Sie verlesen 300 g aromatische Brombeeren, die Sie hoffentlich nicht zu waschen brauchen. Ansonsten müssen Sie sie gut mit einem Küchentuch (färbt!) abtupfen. Die Früchte werden mit 125 g Zucker vermischt, dazu vorsichtig umrühren, am besten erst in einer Schüssel. In dieser lassen Sie die Früchte etwa vier Stunden ziehen. Dann werden sie in einen Topf oder eine Weithalsflasche gegeben und mit Ihrem Likör übergossen. Die Früchte müssen gut bedeckt sein, dann das Gefäß verschließen und im Dunkeln ziehen lassen. Diesmal ist es umgekehrt: nicht allzu lange lagern. Nach zwei Monaten sollten Sie die Früchte mit Likör verzehrt bzw. getrunken haben. Am besten Sie schreiben ein Schildchen für das Gefäß.

99 Chinesischer Früchtetopf

Wie die Damen und Herren des Rokoko und unsere Großeltern um die Jahrhundertwende (als das Deutsche Reich ein Stückchen chinesischen Bodens pachtete), begeistern auch wir uns für manches Fernöstliche, und deshalb wird uns auch der chinesische Früchtetopf zusagen. Wir können ihn heutzutage sogar mit richtigem Sake ansetzen, die Großmütter nahmen als Ersatz „nur" Korn. Wichtig ist natürlich ein chinesisch anmutender Topf. In den können Sie alles geben, worauf Sie Appetit haben oder was Ihnen zur Verfügung steht. Die Früchte sollten allerdings von guter trockener Qualität sein.
Ebenso gut wird der Früchtetopf, wenn Sie statt Sake einen anderen Reisbranntwein nehmen, den Arrak. Arrak, auch Rum der Asiaten genannt, hat mit diesem wenig Gemeinsames. Er hat zwar auch einen gewissen Zuckerrohrmelasse-Anteil, setzt sich aber in der Hauptsache aus vergorenem Reis und Palmsaft zusammen. Reis, das verdaulichste Getreide, war in China schon 2000 Jahre v. Chr. bekannt. Von Indien kam es dann nach Persien, und von dort brachte Alexander der Große die ersten Reiskörner mit an das Mittelmeer. Er erfreute nicht nur mit einer Schönheit (Aprikose), sondern auch mit rein Nützlichem. Der Arrak aber nun ist das sortenreichste Alkoholgetränk im asiatisch-arabischen Raum. Er ist überall anders. Wenn auch sein Name (aus dem arabischen „araq") schlichtweg nur „Saft" bedeutet, erklärten sie ihn zum Getränk der Götter" – oder zogen sie sich so aus Angst vor diesen aus der Affäre? Um auf den Sake zurückzukommen: Er ist einmal ein nach Sherry schmeckender Wein, wie die deutsche Bezeichnung „Reiswein" andeutet, und er ist auch ein Reisbranntwein. Sie müssen letzteren verwenden. Beim Anrichten können Sie auch noch richtige chinesische Atmosphäre schaffen, es also ganz stilvoll machen, indem Sie die Früchte in kleinen Schalen servieren und Eßstäbchen zum Verzehren dazulegen. Den Sake- bzw. Arrak-„Saft" können Sie dann aus Reiswein-Schälchen trinken lassen.

Zubereitung

Denkbar sind Erdbeeren, Himbeeren, Brombeeren, Johannisbeeren, grüne Walnüsse mit Nelken gespickt, Aprikosen, Pfirsiche, Mirabellen, Reineclauden, Wein usw. An Gewürzen kommen Zimt und Vanille nach Geschmack hinzu. Zucker wird immer gleich beim Einfüllen der Früchte (1 kg Frucht, 500 g Zucker) mit hinzugegeben. Ebenso wird immer wieder mit Sake oder Arrak aufgegossen, so daß alles bedeckt ist. Der Topf muß kühl stehen.

101 Geistreiche Himbeeren

Bewahren Sie die Poesie, das Aroma, den Duft, die Lieblichkeit . . . alle nur verführerischen Eigenschaften dieser Beere, die eigentlich keine ist, auf in etwas Geist. So werden Sie zum Allzeit-Genießer, auch am Alltag; er wird dann zum Sonntag. Lassen Sie Ihre Gäste partizipieren an diesem Glück: An einem Soufflé mit Himbeeren (Prinz Nikolai), an einem Crêpe mit Himbeeren, an einem Stück Himbeerkuchen oder -torte, an einem Eis – diesmal nicht mit heißen – mit „geistreichen" Himbeeren oder aber genießen Sie pur. Lucullus hätte seine wahre Freude daran gehabt.

Zubereitung

Schichten Sie 500 g reife, feste, saubere und trockene Himbeeren in ein Glas. Erhitzen Sie 400 g Kandis mit ⅛ l Wasser, bis er sich aufgelöst hat. Abkühlen lassen. 40 – 50 %igen Himbeergeist mit Zuckerlösung abwechselnd über die Früchte gießen. Das Glas gut verschließen und durchziehen lassen.

100 Erdbeeren in Madeira

Verwendet wird kein hochprozentiger Ansetzalkohol, sondern ein Dessert- oder Likörwein, vergleichbar Tokayer, Sherry, Portwein, Marsala oder Madeira. Letzterer kommt von der portugiesischen Vulkaninsel gleichen Namens. Hier wachsen in einem milden, gleichmäßigen Klima vier verschiedene Traubensorten, die vier verschiedene Madeirasorten prägen: Sercial, Verdelho, Boal und Malvasia. Die zwei letzteren sind besonders schwer. Die Süße des Weines erreicht man durch Eingriff in den Gärprozeß. Man stoppt diesen durch Zugabe eines hochprozentigen Weindestillats. Die hohe Qualität wird dann durch eine sechsjährige Lagerzeit erreicht. Es soll aber auch Madeiras geben, die 150 Jahre gelagert wurden. Dieser bernsteinfarbene, von zartem Bukett und mildem Aroma geprägte Dessertwein gibt den Erdbeeren den richtigen Rahmen.

Zubereitung

1 kg Erdbeeren, reife, mittelgroße, werden gewaschen und müssen dann gut abtropfen. Dann vorsichtig die Kelchblätter abzupfen. Mit 500 g Zucker schichtweise in ein Weithalsglas geben, mit 1 Glas Rum und 1 Flasche Madeira übergießen. Vielleicht wählen Sie Verdelho, er ist nicht so süß und schwer. Das Gefäß gut verschließen und an einem kühlen Ort aufbewahren. Dazu Crêpes, das müssen Sie probieren!

102 Kirschen in Eierlikör

„Grünen, Blühen, Duften, Glänzen,
Reichstes Leben ohne Grenzen,
Alles steigernd, nirgends stockend
Selbst die kühnsten Wünsche lockend:
Ja, da kann ich wohl zerfließen,
Aber nimmermehr genießen;
Solche Flügel tragen weiter
Als zur nächsten Kirschbaum-Leiter."

Dieses Gedicht, von Hebbel zwar mit Herbstgefühl betitelt, beginnt mit einer herrlichen Sommerstimmung. Man spürt sie förmlich: Schmetterlinge, Bienen schwirren durch die Sommerluft. Es ist eine Freude, zu atmen. Und wir stehen dann doch auf einer Kirschbaumleiter, und das Rot der Früchte lacht uns an. Es soll eine große Ernte werden, denn es gibt viele Kischtöpfe anzusetzen: Kirschen in Rum, Kirschen in Weinbrand, Kirschen in Wodka, Kirschen in Himbeergeist, Kirschen in Weinessig, Kirschen in Kirschwasser, Kirschen in Maraschino – oder auch Kirschen in Eierlikör.

Zubereitung

500 g Kirschen werden gewaschen und entstielt. Vorher noch mit Küchenpapier trocken tupfen. Dann in eine Flasche mit weiter Öffnung die Kirschen geben, zusammen mit 250 g Kandiszucker und mit ½ l 40 %igem Rum übergießen. Für acht bis zehn Tage kühl, aber hell stellen. Dann abfiltrieren, Sie haben dann Kirschlikör. Die Kirschen aber in einen Steinguttopf oder weithalsiges Glasgefäß geben und mit „Ihrem" Eierlikör übergießen. Umrühren. Das ist was für Schleckermäuler. Bald verzehren.

103 Ostfriesische Bohnensuppe

Die Sinbohntjesopp oder auch Sienbohnensopp ist kein Ostfriesenwitz! Aber was kann es sein? Der „echte" Anlaß – so würde man es Ihnen in Ostfriesland erklären – sei die Geburt eines Kindes, um die gratulierenden Gäste bewirten zu können. Und dann nur Bohnensuppe? Das wird ja immer drolliger. Und was ein richtiger werdender Vater ist, der setzt die „Sopp" auch schon zwei Monate vorher auf. Aber nicht aufs Feuer! Lüften wir das Geheimnis: es müßte nicht „Bohnen-Suppe", sondern „Rosinen-Korn" heißen.
Inzwischen ist man leider dazu übergegangen, die Suppe portionsweise – für jeden ein Glas – den Gästen anzubieten. Nur der Löffel wurde beibehalten. Es ist übrigens ulkig anzusehen, wie die Suppe zieht. Während sich der Kandis langsam auflöst, werden die Rosinen immer praller.

Zubereitung

Der Vater in spe wäscht 300 g Rosinen (Sultaninen) und gibt sie mit 50 bis 100 g weißem Kandiszucker in ein Glasgefäß mit weiter Öffnung. Dann übergießt er mit 1 l ostfriesischem Landwein, das ist schlicht und einfach Korn. Die Suppe muß nun richtig ziehen (zwei Monate) und hin und wieder umgerührt werden, damit ja nichts anbrennt! Der „Koch" rechnet übrigens pro Gast ¼ – ½ l dieses Landweines, wobei er immer das Verhältnis 300 g Rosinen zu 1 l Korn einhält. Die Gäste haben also doch was zum Kauen. Am Ehrentag wird alles in eine große Schüssel umgefüllt, und jeder Gast „ißt" dann mit seinem Löffel aus dem Gemeinschaftstopf.

104 Maronen in Weinbrand

Leider ist die Echte oder Edelkastanie, dieser majestätisch wirkende Baum (er kann bis zu 2000 Jahre alt werden), bei uns nur in den wärmeren Gebieten Süddeutschlands waldbildend. Denn nicht nur wir erfreuen uns an seinem Aussehen respektive seinen Früchten, sondern Bienen wie Imker schätzen ihn ebenfalls hoch. Der Brauch, im Herbst Gäste mit gerösteten Edelkastanien (vielleicht sogar selbst gesucht) und Wein zu bewirten, breitet sich immer mehr aus. Überraschen Sie doch dann im Winter Ihre Freunde mit etwas Neuem: Edelkastanien in Weinbrand. Da die Maronen bei uns noch immer nicht etwas Selbstverständliches sind, hier noch einige Informationen: Die Edelkastanie gehört, wie auch Buche und Eiche, zu den Buchengewächsen. Die Frucht ist nicht – wie bei der Roßkastanie – eine Kapsel, sondern, eben typisch Buche, eine Becherfrucht. Der kugelige Fruchtbecher ist mit Stacheln besetzt und enthält ein bis drei Früchte, unsere eingelegten Maronen. Auch die Blätter können genutzt werden. Sie gelten in der Heilkunde aufgrund ihres Gerbstoffgehaltes als auswurfförderndes Mittel bei Bronchitis und Keuchhusten.

Zubereitung

Sie bereiten 1 kg Maronen vor: Die Kastanien auf der flachen Seite mit einem spitzen Messer über Kreuz einritzen. Dann die Kastanien entweder in kochendes Wasser geben und mindestens acht Minuten sprudelnd kochen lassen. Bei einer Kastanie probieren, ob sich die äußere und die darunterliegende weiße Haut ablösen lassen, ansonsten noch etwas länger kochen. Oder aber Sie schieben die eingeritzten Kastanien auf einem Backblech in den heißen Backofen und warten, bis die Schalen weiter aufplatzen. Dann wiederum Schale und Haut lösen. Inzwischen kochen Sie eine Minute lang 400 g Zucker, 1 Vanilleschote (diese haben Sie der Länge nach halbiert) und 1/16 l Wasser sowie den Saft einer großen Zitrone. Dann die enthäuteten Kastanien hinzufügen und nochmals eine Minute kochen und abkühlen lassen. Diesen Vorgang – jeweils am nächsten Tag – noch zweimal wiederholen. Dann werden die abgekühlten Kastanien aus dem Kochsud genommen, in ein Glasgefäß gegeben und mit Weinbrand übergossen, bis sie bedeckt sind. Dann mit Cellophan abdecken. Schauen Sie nach einer gewissen Zeit mal nach, ob der Weinbrand noch die Maronen bedeckt, sonst müßten Sie nochmals etwas nachgießen. Und nicht vergessen, je länger Sie warten, desto größer ist der Genuß!

105 Pflaumen in Armagnac

Eine köstliche Nascherei zum Tee, mit der Sie unbedingt einmal Ihre Freunde überraschen sollten. Sie glauben gar nicht, welche Anerkennung Sie damit finden können. Und noch etwas: wählen Sie den Ihrer Meinung nach dazu passenden Tee sorgfältig aus.

Zubereitung

Ernten Sie 750 g Pflaumen oder auch Zwetschgen, sehr spät, wenn sie schon etwas runzelig sind. Die Früchte gut abreiben – nicht waschen! – und mehrmals mit einem Zahnstocher oder einer Nadel einstechen. Geben Sie sie dann mit 375 g Zucker nach und nach in einen großen Topf und gießen Sie ca. 0,7 l Armagnac auf, bis alles gut bedeckt ist. Wenn Sie es würziger und aromatischer möchten, entsteinen Sie 4 Pflaumen. Schlagen Sie die Steine entzwei und geben die darin enthaltenen Kerne (nicht essen) zu den Pflaumen in den Topf. Gut sind auch einige Gewürznelken und etwas Zimt als Geschmacksabrundung. Das Gefäß wird gut verschlossen und kühl gestellt. Hatte der Inhalt Zeit, zwei Monate zu ziehen, wird er es Ihnen danken.

106 Großmutters Rumtopf

Wer kennt ihn nicht, den vorzüglichen „Früchteeintopf". Ideal für Fruchtsalate, mit geschlagener Sahne, zu Flammeri und Pudding, zu Quark und Joghurtspeisen, zu Reisbrei, Vanilleeis oder in den Tee oder auch nur solo. Übrigens, Leute, die's nicht abwarten können, dürfen schon am 1. Advent kosten. Reizvoll ist auch ein Rumtopf nur aus roten Früchten, wie Erdbeeren, Himbeeren, rote Johannisbeeren. Bei diesem empfiehlt es sich, mit weißem Rum aufzusetzen.

Zubereitung

Sie können im Mai/Juni mit den Erdbeeren beginnen. Sie sollten klein und aromatisch sein. Befreien Sie die Früchte von ihren Kelchblättern und vermischen Sie sie mit der Hälfte ihres Gewichtes an Zucker, also 500 g Erdbeeren mit 250 g Zucker. Diese Mischung wird in einen großen Steintopf oder ein großes Glas gegeben. Dann mit 54 %igem Rum aufgießen, bis die Früchte bedeckt sind. Als nächstes kommen Süßkirschen oder Stachelbeeren und natürlich Johannisbeeren. Die Kirschen säubern und von den Stielen befreien, aber mit Steinen hineingeben. Wieder die entsprechende Zuckermenge dazu. Es empfiehlt sich, die Früchte vorher mit der entsprechenden Menge Zucker zu mischen, über Nacht im Kühlschrank ziehen zu lassen und erst dann in den gemeinsamen Topf geben. Bei den Stachelbeeren werden Blüten und Stiele abgeknipst und dann fünf Minuten gedämpft. Johannisbeeren von den Stielen streifen, Himbeeren von den Kelchblättern befreien. Heidelbeeren gut verlesen. Sauerkirschen ebenfalls nicht entsteinen. Aprikosen, Pfirsiche, Reineclauden und Pflaumen kurz in kochendes Wasser halten, um die Haut besser abziehen zu können. Dann entsteinen. Birnen dünn schälen und vierteln oder achteln, je nach Größe. Gut ist es auch, sie 10 Minuten über kochendem Wasser zu dämpfen. Weintrauben von den Stielen lösen und etwas mit einer Nadel rundherum einstechen. Vergessen Sie nicht, immer wieder mit Rum aufzugießen, damit alles bedeckt ist. Ab und zu durchrühren und mit Cellophan gut verschließen und immer möglichst kühl stellen. Nach der letzten Einlage sollte er dann eigentlich noch ein Jahr lang stehen bleiben. Ich besitze inzwischen zwölf Jahre alte. Die letzte Einlage, das ist wohl obligatorisch, ist eine frische Ananas, in Stückchen geschnitten.

107 Stachelbeeren-Topf

Diesen Früchtetopf können Sie auch mit „Jochelbeeren", einer Kreuzung von Stachelbeere und Schwarzer Johannisbeere, versuchen.

Zubereitung

2 kg Stachelbeeren, sie sollten fest und noch nicht ganz reif sein, werden sorgfältig von Blütenresten und Stielen befreit. Dann gut waschen und abtropfen lassen, damit der Wein lauter bleibt (siehe Lutter-Tranck). Dann werden 1 kg Zucker, 1 Stange Zimt und 3 bis 4 Gewürznelken mit ½ l herbem Weißwein unter ständigem Rühren 10 Minuten lang gekocht. Die gut trockenen Stachelbeeren in einen großen Steintopf füllen und mit der noch heißen Wein-Zuckerlösung übergießen. Den Topf mit einem Deckel zudecken und über Nacht ziehen lassen. Dann die Flüssigkeit von den Stachelbeeren abgießen, nochmals aufkochen und wiederum heiß über die Beeren gießen und 24 Stunden ruhen lassen. Dieses noch zweimal wiederholen. Sind Sie beim letzten Mal angelangt, erst auskühlen lassen und dann mit Cellophan abbinden. In einem kühlen Raum lagern. Wenn Sie lieber eine säuerliche Geschmacksnote bevorzugen, geben Sie zum Zuckersirup noch den Saft von 1 bis 2 Zitronen.

108 Trauben in Weinbrand

Für unseren Topf benötigen wir Trauben, die für „den Wein zu schlecht" sind, von uns aber gerne verzehrt oder angesetzt werden: 1 kg Tafeltrauben.

Zubereitung

Die Weintrauben werden gewaschen und mit 600 g Zucker, 1 zerbrochenen Zimtstange und 12 Kardamomfrüchtchen in ein Glasgefäß oder einen Topf gegeben. Dann wird mit ca. ½ l Weinbrand aufgegossen, kräftig durchgerührt und das Gefäß gut verschlossen. Mindestens sechs Wochen an einem kühlen Ort ziehen lassen. In dieser Zeit das Schütteln nicht vergessen, sonst löst sich der Zucker nicht.

109 Weinmost-Früchtetopf

Dieses Mal benötigen wir weder Tafeltrauben, noch Weinbrand, noch nicht einmal einen guten Tropfen Wein. Wir brauchen das Anfangsprodukt der Weinzubereitung: den Most. Dieser ausgepreßte Traubensaft kommt zur Weinherstellung in Gärfässer. Der reine Most, also kein schwäbischer (Apfel- oder Birnen-)„Moscht", kein hessischer „Äppelwoi", kein „Cidre" aus der Normandie, sondern Weinmost bildet unser Ausgangsmaterial.

Zubereitung

6 l Weinmost kochen wir bis zu einem Drittel ein. Es entsteht ein Sirup. Tantchen hat nun so manches Früchtchen darin eingelegt. ½ kg Äpfel und ½ kg Birnen werden geschält und zerkleinert und etwas angekocht, damit sie weniger hart sind. ½ kg Pfirsiche und je 250 g Aprikosen, Zwetschgen und Kirschen werden vorbereitet. Alles – außer Kirschen – entsteinen, je nach Größe halbieren und in den Sirup einlegen. Den Topf mit Cellophan verschließen und kühl lagern. Endlich auch mal etwas für die Kinder. Sie werden den Topf hoffentlich nicht heimlich „knacken". Aber man sollte ihn nicht zu lange lagern. Ein Aufgesetzter ohne Geist, aber lecker.

110 Walnüsse in Weinbrand

Eine Köstlichkeit, die leider nur vornehmlich dort zubereitet wird, wo die Nüsse reifen: in Rheinhessen, in der Pfalz, an der Bergstraße und in Baden. Doch da Walnußbäume in geringer Zahl überall gedeihen, sollten wir uns auf die lohnende Suche begeben, um uns bereits im Juni im wahrsten Sinne des Wortes als Eichhörnchen zu betätigen. Denn da ist es bereits an der Zeit, die grünen Nüsse auf irgendeine Art vom Baum herabzuholen.

Zubereitung

Ende Juni, wenn sie zwar völlig entwickelt, aber die Schalen noch weich sind, pflücken Sie 500 g grüne Walnüsse. Nun ziehen Sie unbedingt Handschuhe an, um die Nüsse rundherum mit der Nadel einzustechen. Ansonsten bekommen Sie total schwarze Finger! Für zehn bis vierzehn Tage werden die Nüsse nun ins kalte Wasser gelegt, das täglich zweimal gewechselt werden muß. Dann abgießen, in Salzwasser geben und 4 Minuten kochen lassen. Herausnehmen und gut abtropfen lassen. Anschließend ⅛ l Wasser und 500 g Zucker unter Rühren kochen lassen und abschäumen. Dann die Nüsse mit 2 Zimtstangen, 10 Nelken und der Schale einer Zitrone darin kochen, bis sie weich und schwarz sind. Die Nüsse herausnehmen und in Gläser füllen. Ebenso die Gewürze herausfischen, den Saft nochmals einkochen und etwas abgekühlt über die Nüsse gießen. Ist alles erkaltet, das Gefäß verschließen und vier Tage stehen lassen. Dann den Saft abgießen, nochmals aufkochen und warten, bis er abgekühlt ist. Die Hälfte dieser Menge nun an Weinbrand hinzufügen und zusammen über die Nüsse gießen. Gefäß wieder gut verschließen und kühl aufbewahren. So sind die Nüsse sehr lange haltbar. Bis zur ersten Kostprobe vielleicht noch drei bis vier Wochen warten. Sie können die Nüsse zu gekochtem Fleisch, aber auch zu Wild anbieten.

111 Zartes in Arrak

Dieser Topf erinnert an den chinesischen Früchtetopf. Aber er bildet keine wahllose Obstmischung, sondern es wird eben nur „Zartes" verwendet. Und das können doch nur Aprikosen und Pfirsiche sein. Von beiden werden je 500 g gebraucht.

Zubereitung

Um die Schale besser abziehen zu können, werden die Früchte mit kochendem Wasser überbrüht, sie bleiben aber ganz und werden nicht entsteint. Dann werden 600 g Zucker in gut ¼ l Wasser aufgekocht, dabei gut rühren. Beide vorbereiteten Fruchtsorten nun in den kochenden Fruchtsirup hineingeben und darin belassen, bis die Früchte glasig aussehen. Mit einem Schaumlöffel das Obst herausnehmen und in einen großen Steintopf legen. Wenn Sie möchten, können Sie auch für jede Fruchtsorte ein Gefäß nehmen. Die Zuckerlösung weitere 10 Minuten kochen lassen, vom Feuer nehmen und mit 0,5 l Arrak mischen. Diesen Fruchtarrak nun über die Früchte geben. Die Gläser oder Töpfe mit Cellophan gut verschließen und abkühlen lassen. Noch etwas warten, bis Sie sich die ersten genehmigen, mit einem Schlagsahnehäubchen. Bon appétit!

Erntekalender

Blätter

Blüten

Samen

Früchte

Wurzeln und andere unterirdische Pflanzenteile

blühendes Kraut

Knospen

	1	2	3	4	5	6	7	8	9	10	11	12
Angelika / Engelwurz *Angelica archangelica*			Wurzeln	Wurzeln					Wurzeln, Samen	Wurzeln, Samen		
Anis *Pimpinella anisum*							Samen	Samen				
Apfel *Malus domestica*								Früchte	Früchte	Früchte		
Aprikose *Prunus armeniaca*							Früchte	Früchte				
Bärenlauch *Allium ursinum*				Blätter	Blätter							
Basilikum *Ocimum basilicum*						blühendes Kraut	blühendes Kraut	blühendes Kraut				
Benediktenkraut / Nelkenwurz *Geum urbanum*			Wurzeln	Wurzeln	blühendes Kraut	blühendes Kraut	blühendes Kraut	blühendes Kraut	blühendes Kraut	Wurzeln	Wurzeln	
Berberitze *Berberis vulgaris*									Früchte	Früchte	Früchte	Früchte
Birne *Pyrus communis*								Früchte	Früchte	Früchte		
Blutwurz / aufrechtes Fingerkraut *Potentilla erecta (tormentilla)*			Wurzeln	Wurzeln					Wurzeln	Wurzeln		

	1	2	3	4	5	6	7	8	9	10	11	12
Brombeere *Rubus fruticosus*												
Dost *Origanum vulgare*												
Edelkastanie *Castanea sativa, vesca, vulgaris*												
Eberesche *Sorbus aucuparia*												
Edelraute *Ruta graveolens*												
Eisenkraut *Verbena officinalis*												
Erdbeere *Fragaria ananassa*												
Fenchel *Foeniculum vulgare*												
Gänseblümchen *Bellis perennis*												
Heidelbeere *Vaccinium myrtillus*												
Himbeere *Rubus idaeus*												
Holunder *Sambucus nigra*												
Hopfen *Humulus lupulus*												
Hundsrose *Rosa canina*												
Johannisbeere *Ribes rubrum, Ribes nigrum*												
Johanniskraut *Hypericum perforatum*												
Kalmus *Acorus calamus*												
Kamille *Matricaria chamomilla*												

	1	2	3	4	5	6	7	8	9	10	11	12
Kirsche, süß *Cerasus avium*						[Frucht]	[Frucht]					
Kirsche, sauer *Cerasus vulgaris*							[Frucht]	[Frucht]				
Knoblauch *Allium sativum*									[Wurzel]	[Wurzel]		
Königskerze *Verbascum densiflorum*							[Blüte]	[Blüte]	[Blüte]	[Blüte]		
Koriander *Coriandrum sativum*							[Samen]	[Samen]				
Kornelkirsche *Cornus mas*									[Frucht]	[Frucht]		
Kümmel *Carum carvi*						[Samen]	[Samen]	[Samen]				
Liebstöckel *Levisticum officinalis*					[Blatt]	[Blatt]	[Kraut] [Blatt]	[Kraut] [Blatt]	[Wurzel]	[Wurzel]	[Wurzel]	
Lindenblüte *Tilia platyphyllos, Tilla grandifolia*						[Blüte]	[Blüte]					
Majoran *Majorana hortensis*						[Kraut]	[Kraut]	[Kraut]				
Mirabelle *Prunus domestica var. syriaca*								[Frucht]				
Moschus-Schafgarbe *Achillea erba-rotta sp. moschata*							[Kraut]	[Kraut]				
Myrrhe, Süßdolde *Myrrhus odorata*					[Blatt]	[Blatt]		[Samen]	[Samen]	[Wurzel]		
Nelkenwurz *Geum urbanum*			[Wurzel]	[Wurzel]								
Pfefferminze, echte *Mentha piperita*						[Blatt]	[Blatt]	[Blatt]				
Pfirsich *Persica vulgaris*							[Frucht]	[Frucht]	[Frucht]			
Pflaume, Zwetschge *Prunus domestica*							[Frucht]	[Frucht]	[Frucht]	[Frucht]		
Reineclaude *Prunus domestica var. claudiana*								[Frucht]	[Frucht]			

	1	2	3	4	5	6	7	8	9	10	11	12
Pimpinelle, Bibernelle *Pimpinella major*												
Preiselbeere *Vaccinium vitis-idaea*												
Quitte *Cydonia oblonga*												
Raute *Ruta graveolens*												
Rhabarber *Rheum palmatum*												
Rosmarin *Rosmarinus officinalis*												
Salbei *Salvia officinalis*												
Sanddorn *Hippophaë rhamnoides*												
Schafgarbe *Achillea millefolium*												
Schlehe *Prunus spinosa*												
Schlüsselblume *Primula veris und Primula elatior*												
Sellerie *Apium graveolens*												
Stachelbeere *Ribes uva-crispa*												
Tanne *Abies*												
Tausendgüldenkraut *Centaurium minus, Centaurium umbellatum*												
Veilchen, wohlriechendes *Viola odorata*												
Wacholder *Juniperus communis*												
Walderdbeere *Fragaria vesca*												

	1	2	3	4	5	6	7	8	9	10	11	12
Walnuß *Juglans regia*												
Weißdorn (Hagedorn) *Crataegus laevigata*												
Wermut *Artemisia absinthium*												
Ysop *Hyssopus officinalis*												
Zitronenmelisse *Melissa officinalis*												

Literaturverzeichnis

Andreae, I.: Alle Schnäpse dieser Welt. Seewald Verlag, Stuttgart 1973

Arius, C.: Großes Getränkebuch. Falken Verlag, Niedernhausen/Taunus 1977

Beek, K. C. in der: Die scharfen und die süßen Sachen. Wancura Verlag, Stuttgart, Wien 1958

Beskow, E.: Hänschen im Blaubeerenwald. Loewe Verlag, Stuttgart 1955

Blake, W.: Songs of Innocence und Songs of Experience. Herausgeg. von W. Hofmann, Insel-Verlag, Frankfurt 1975

Boccacio, Dekameron

Bock, H.: Kreutterbuch. Josiam Rihel, Straßburg MDLXXVII, Reprint 1964 by Konrad Kölbl Verlag, Grünwald

Bolsmann, E. H.: Lexikon der Bar, Matthaes Verlag, Stuttgart 1974

Bravnschweig, H.: Das neuwe Distilierbouch der rechten Kunst, . . . zum Distilieren uß allen Kreutern die Wasser . . . J. Grüninger, Straßburg 1531

Brentano, C.: Aus der Chronika eines fahrenden Schülers. Dr. Riederer-Verlag, Stuttgart, Perlenkette Bd. 19, 2. Aufl.

Brockhaus Enzyklopädie. Wiesbaden 1968

Büchmann, G.: Geflügelte Worte. Fortgeführt von W. Robert-tornow und F. Streißler. Herausgeg. von A. Streißler. Deutsche Buchgemeinschaft, Berlin, Buch Nr. 214

Buishand, T.: Knaurs Obstbuch. Droemersche Verlagsanstalt Th. Knaur Nachf., München 1979

Busch, W.: Das farbige Hausbuch (Die fromme Helene). Lingen Verlag 1976

Chesne, J. du (genannt Quercetanus): Pharmacopoea Dogmaticorum Restituta. Paris 1607

Crusius, S. L.: Der Kinderfreund. Ein Wochenblatt, 1782

Cuveland, E. und H. de: Gewürzkräuter. Verlag Neumann-Neudamm, Melsungen 1979

DBG Lexikon der Pflanzenwelt. Deutsche Buch-Gemeinschaft, C. A. Koch's Verlag Nachf. Darmstadt, Buch Nr. 1404

dtv-Lexikon. Ein Konversationslexikon in 20 Bänden. Deutscher Taschenbuch Verlag, München 1966

Engel, F.-M.: Mein Küchengarten-Brevier. Hallwag Verlag, Bern 1978

Fontane, Theodor, Herr von Ribbeck

Fuchs, Leonhart: Alt-Kräuterbüchlein. Nach dem „New-Kreüterbüchlein" des Leonhart Fuchs (1543). Herausgeber A. von Bernus, H. Franke, Eugen Salzer Verlag, Heilbronn 1935

Goethe, Johann Wolfgang von: Gedichte

Gorys, E.: dtv-Küchen-Lexikon. Von Aachener Printen bis Zwischenrippenstück. dtv, München 1975

Haenchen, H. und *Saure, H.:* Menü Getränke von A – Z. Mosaik Verlag, München 1979

Hebbel, Friedrich: Gedichte

Heilpflanzen und ihre Kräfte. Lingen Verlag, 1978

Heine, Heinrich: Buch der Lieder

Herzogin Elisabeth Charlotte von Orléans: Briefe an die Kurfürstin Sophie von Hannover, 1704

Hortus sanitate germanice, Mainz 1485

Hüllweck, K.: Fridolin, Anekdoten. Evangelische Verlagsanstalt, Berlin 1967, 9. Aufl.

Jammes, F.: Hasenroman. Kurt Wolff Verlag, München, 2. Aufl.

Juergens, B.: Hausrezepte der Naturheilkunde. Hallwag, Bern, Stuttgart 1982

Karl der Große: Capitulare de Villis

Kataloge von Pflanzenhandlungen

Kneipp, Sebastian: Heilkräuter-Rezeptbuch, Verlag der Jos. Kösel'schen Buchhandlung, Kempten. Die historischen Taschenbücher, Konrad Kölbl, Grünwald

–: Mein Testament und Codizill. Neu herausgeg. und bearbeitet von Dr. med. Christian Fey, Ehrenwirth Verlag, München 1955, 61 – 66. Tsd. Aufl.

Lessing, Gotthold Ephraim: Gesammelte Werke in 10 Bdn. (Lieder, Nathan der Weise). Herausgeg. von Paul Rilla, Aufbau-Verlag, Berlin u. Weimar 1968

Lexikon der Heilpflanzen. Lingen Verlag, 1978

Löwe, G. und *Stoll, H. A.:* Die Antike in Stichworten. VMA-Verlag, Wiesbaden 1976, 4. Aufl.

Lonicerus, A.: Kreuterbuch. Corrigirt und verbessert durch Petrum Uffenbachium, Matthäus Wagner, Franckfurt 1679, Reprint 1962 by Konrad Kölbl Verlag, Grünwald

Maronde, D.: Rund um den Tee. Fischer Taschenbuchverlag, Frankfurt 1980, erweiterte Neuausgabe.

Marperger, P. J.: „Vollständiges Küch- und Keller-Dictionarium". Benjamin Schillers seel. Wittwe, Hamburg 1716, Historische Kochbücher in Faksimileausgaben von J. Arndt und U. Fabian, Heimeran Verlag, München 1978

Mehler, N.: Pilze, Beeren, Kräuter, Heilpflanzen. Maier Verlag, Ravensburg 1981

Paracelsus, Ph. A. Th. (Th. Bombastus von Hohenheim): Vom Licht der Natur und des Geistes. Eine Auswahl. Herausgeg. von K. Goldammer, Philipp Reclam jun., Stuttgart 1976

Pedanii Dioscoridis Anarzeibei, De medica Materia, Libri V, Frankfurt 1610

Physicas Hildegardis, M.D.XXXIII

Johann Baptist (Giambattista) delle PORTA: Magia naturalis, 1558/1589

Regimen Sanitatis Salerni

Riepenhausen, A. und *Brauner, J.:* Rund ums Bier. Wolfgang Hölker Verlag, Münster 1977

Rilke, Rainer Maria: Sämtliche Werke, 6. Bd., ‚Die Aufzeichnungen des Malte Laurids Brigge'. Insel Verlag, Frankfurt a. M. 1966

Scharfenberg, H.: Die deutsche Küche. Hallwag Verlag, Bern, Stuttgart 1980

Schmeil, O.: Leitfaden der Pflanzenkunde. Quelle + Meyer Verlag, Leipzig 1934, 167. Auflage

Schmeil, O., und Fitschen, J.: Flora von Deutschland. Überarb. u. erw. von W. Rauh und K. H. Senghas, Quelle & Meyer Verlag, Heidelberg 1982, 87. Aufl.

Stifter, A.: Der Hochwald. Dr. Riederer-Verlag, Stuttgart, Perlenkette Bd. 21

Strabo, W.: Hortulus, Vom Gartenbau. Übersetzt und eingeleitet von Werner Näf und Mathäus Gabathuler. Verlag H. Tschudy u. Co., St. Gallen 1942

Tabernaemontanus, Jacobus Theodorus: Kräuter Buch (vermehret durch Hieronymum Bauhinum). J. Werenfels für J. König, Basel 1664

Trieb, M.: Neuestes Praktisches Kochbuch. Selbstverlag, Karlsruhe 1844, Faksimile-Druck vom Antiquariat der Braunschen Buchhandlung Karlsruhe 1975

Weber, H. C.: Geschützte Pflanzen. Belser Verlag, Stuttgart, Zürich 1982

Weustenfeld, W.: Heilpflanzen-Kartei. Verlag Neumann-Neudamm, Melsungen 1979

–: Wildfrüchte-Kartei. Verlag Neumann-Neudamm, Melsungen 1982

Worbs, H. C.: Das große Buch vom deutschen Volkslied. Fackelträger-Verlag Schmidt-Küster, Hannover

Zedler, J. H.: Universal Lexikon, Halle + Leipzig, verlegts Johann Heinrich Zedler, anno 1734

Bäume und Sträucher des Waldes 17. Auflage.
Hardcover, 232 Seiten
Format 12,5 x 20,5 cm
Preis € 29,95
ISBN 3-7888-0758-X

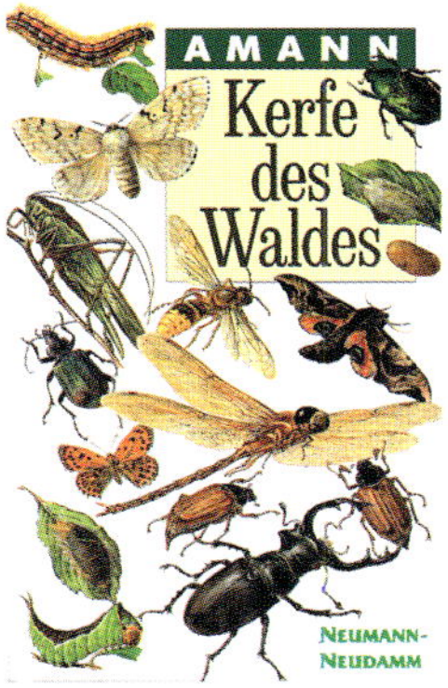

Kerfe des Waldes
12. Auflage
Hardcover, 344 Seiten
Format 12,5 x 20,5 cm
Preis € 29,95
ISBN 3-7888-0760-1

Pilze des Waldes >>>
12. Auflage
Hardcover, 84 Seiten
Format 12,5 x 20,5 cm
Preis € 14,95
ISBN 3-7888-0763-6

Die Klassiker - Amann-Bestimmungsbücher

Prof. Dr. Gottfried Amann schuf 1959 die einzigartige Taschenbestimmungsreihe um Laien und Experten das Bestimmen heimischer Pflanzen und Tiere zu erleichtern. Ständig weiterentwickelt gehören seine Bücher heute zu den gefragtesten Bestim-mungsbüchern.
Seit Jahrzehnten sind diese Naturführer bei Schüler, Studenten, Lehrern und Naturfreunden zum Begriff geworden.
Die praktische Anordnung der Bildlagen in Verbindung mit kurzen Texten ermöglichen das schnelle und sichere Bestimmen der Bäume, Sträucher, Bodenpflanzen, Pilze, Schmetterlinge, Vögel, Säugetiere und Kaltblüter des Waldes.

Bodenpflanzen des Waldes
12. Auflage
Hardcover, 420 Seiten
Format 12,5 x 20,5 cm
Preis € 29,95
ISBN 3-7888-0761-X

Vögel des Waldes
bereits 12. Auflage
erscheint März 2005
Hardcover, 243 Seiten
Format 12,5 x 20,5 cm
Preis € 29,95
ISBN 3-7888-0759-8

Säugetiere und Kaltblüter des Waldes >>>
bereits 12. Auflage
erscheint September 2005
Hardcover, 336 Seiten
Format 12,5 x 20,5 cm
Preis € 29,95
ISBN 3-7888-0762-8

edition "gesund leben"

Dr. Andrea Flemmer, promovierte Diplom-Biologin, Ernährungs-wissenschaftlerin, Journalistin, Mutter und leidenschaftliche Hobby-Köchin. Bekannt aus Funk und Fernsehen.

Das Anti-Krebs-Kochbuch
Hardcover, 184 Seiten
14,5 x 21 cm, zahlr. Abb. In Farbe
Preis € 19,95 - ISBN 3-7888-0792-X

Das Multi-Vitamin-kochbuch
Hardcover, 200 Seiten
14,5 x 21 cm, zahlr. Abb. in Farbe
Preis € 19,95 - ISBN 3-7888-0831-4

Das Mineralstoff-Kochbuch
Hardcover, ca. 176 Seiten
14,5 x 21 cm, zahlr. Abb. in Farbe
Preis € 19,95 - ISBN 3-7888-0894-2

Frau Dr. Andrea Flemmer präsentiert nun bereits ihr drittes Buch in der "edition gesund leben"mit dem Sie den LeserInnen zeigt, wie man allein durch ganz normale Lebensmittel den Körperhaushalt im Gleichgewicht halten kann und Mangelerscheinungen wie Krankheit vorbeugen kann.
Köstliche Rezepte setzen die Theorie in die Praxis um. Gut essen statt einen Mangel zu bekommen ist das Motto.
Diese Kochbücher verknüpfen gekonnt Theorie mit Praxis.

edition genussvoll leben

Diewald / Schneider
Total Wild
Hardcover, ca. 128 Seiten
21 x 20 cm, zahlr. Abb. in Farbe
Preis € 14,95 - ISBN 3-7888-0910-8

Auf, auf zum fröhlichen Jagen: Nach den besten Rezepten, den spannendsten Geschichten und den 7 goldenen Regeln zur Zubereitung von leckerem Wildpret. Die schlauen Jägerinnen Claudia Diewald und Regina Schneider zeigen „wilden" Feinschmeckern wie der Hase läuft. Statt komplizierter Festtagsbraten - einfache und moderne Küche, schnelle Gerichte und excellente Menus.

Hessisches Wildkochbuch
Ringbindung, ca. 128 Seiten
21 x 20 cm, zahlr. Abb. in Farbe
Preis € 14,95 - ISBN 3-7888-0998-1

Das Hessische Wildkochbuch ist ein Sammelwerk schmackhafter Wildrezepte, gesammelt von hessischen Bürgern, jedoch nicht nur für hessische Feinschmecker! Wildfleisch ist leicht, zart, edel und voller Geschmack. Wie pikant, raffiniert, einfach und festlich sich Wild zubereiten lässt, zeigt dieses Buch. Außerdem gibt es viele Informationen zu den einzelnen Wildsorten und zudem einen praktischen Ratgeber woher man Wild beziehen kann.

Klaus Weisskirchen
Kleine Heilkräuterkunde für jedermann
Hardcover, 96 Seiten
21 x 20 cm, zahlr. Abb. in Farbe
Preis € 14,95 - ISBN 3-7888-0885-3

In diesem Büchlein hat der Autor die wichtigsten Heilkräuter zusammengestellt und verrät uns so manches Geheimnis aus seinem Erfahrungsschatz. So stellt er die wichtigsten Beschwerden vor, erläutert, welche Heilpflanzen helfen können. Im Anhang findet der Leser ein kleines Lexikon der wichtigsten Heilkräuterpflanzen. Ganz besonderen Wert legt das Buch auf den umfangreichen Rezeptteil.

Hundebücher im NEUMANN-Verlag

Seeben Arjes - So beginnt ein Hundeleben
Hardcover, 100 Seiten
21 x 20 cm, 100 farb. Abb.
Preis € 14,95 - ISBN 3-7888-0887-X

Die hundert ersten Augenblicke eines Welpen. Die ersten acht Wochen der kleinen Lebensbündel werden einmalig und eindrucksvoll wiedergegeben. Der Leser ist hautnah am Geschehen, darf bei Geburt und Aufwachsen über die Schulter sehen und sich von den fesselnden Augenblicken bannen lassen. Kurze praxisorientierte Texte begleiten den Leser durch alle Lebensstationen und liefern eine Menge interessanter Informationen, vermitteln Hintergrundwissen zur Aufzucht und Verhalten unserer treuen Begleiter und zeigen zugleich was man bei der Welpenaufzucht alles falsch machen kann.

Heinz Weidt - Der Hund mit dem wir leben: Verhalten und Wesen
Hardcover, 231 Seiten
13,5 x 21,5 cm, zahlr. Abb. in Farbe
Preis € 19,95 - ISBN 3-7888-0898-5

Welche Faktoren sind für die Wesensentwicklung unserer Hunde von ausschlaggebender Bedeutung, und was kann der Mensch Positives dazu beitragen? Auf diese, für das Verhältnis Mensch - Hund so wichtigen Fragen gibt Heinz Weidt Antworten. Dabei räumt er mit falschen Vorstellungen und Missverständnissen über die Verhaltensentwicklung unserer Hunde auf: Nicht das Erbgut allein garantiert ein ausgeglichenes Wesen des Hundes, sondern entscheidend ist die Gewährung artgemäßer Entwicklungsbedingungen, besonders in den ersten Lebenswochen.